AF619653

DICTIONNAIRE RAISONNÉ DE PHYSIQUE,

PAR M. BRISSON,

De l'Académie Royale des Sciences, Maître de Physique & d'Histoire Naturelle des Enfants de France, Professeur Royal de Physique expérimentale au College Royal de Navarre, & Censeur Royal.

TOME TROISIÉME.

VOLUME DE PLANCHES.

Le prix des trois Vol. est de 30 liv. brochés, & 36 liv. reliés en Veau.

A PARIS,

CHEZ { LEBOUCHER, Libraire, Quai de Gêvres.
LAMY, Libraire, Quai des Augustins.

M. DCC. LXXXI.

AVEC APPROBATION ET PRIVILEGE DU ROI.

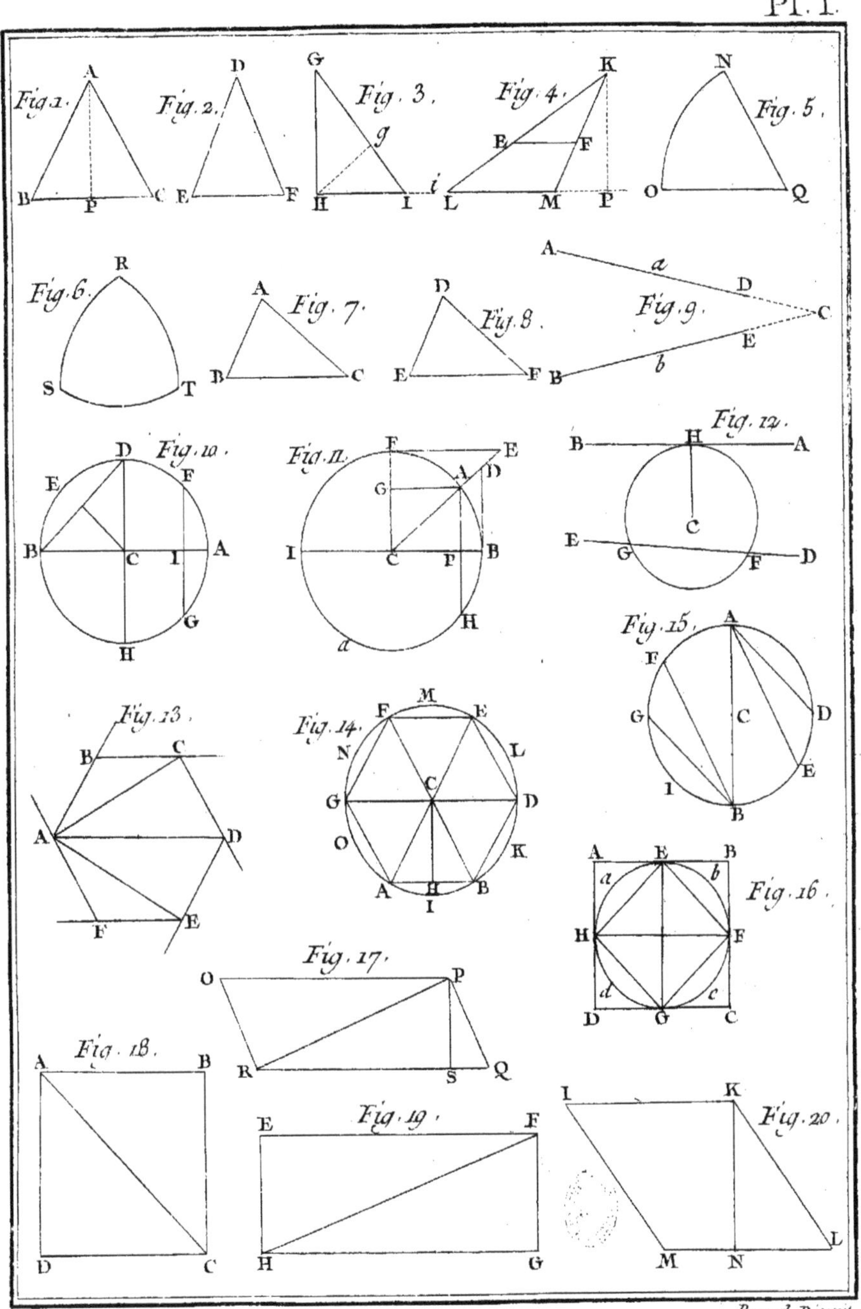

Benard Direxit

Physique.

Fig. 1.
Fig. 2.
Fig. 3.
Fig. 4.
Fig. 5.
Fig. 6.
Fig. 7.
Fig. 8.
Fig. 9.
Fig. 10.
Fig. 11.
Fig. 12.
Fig. 13.
Fig. 14.
Fig. 15.
Benard Direxit.

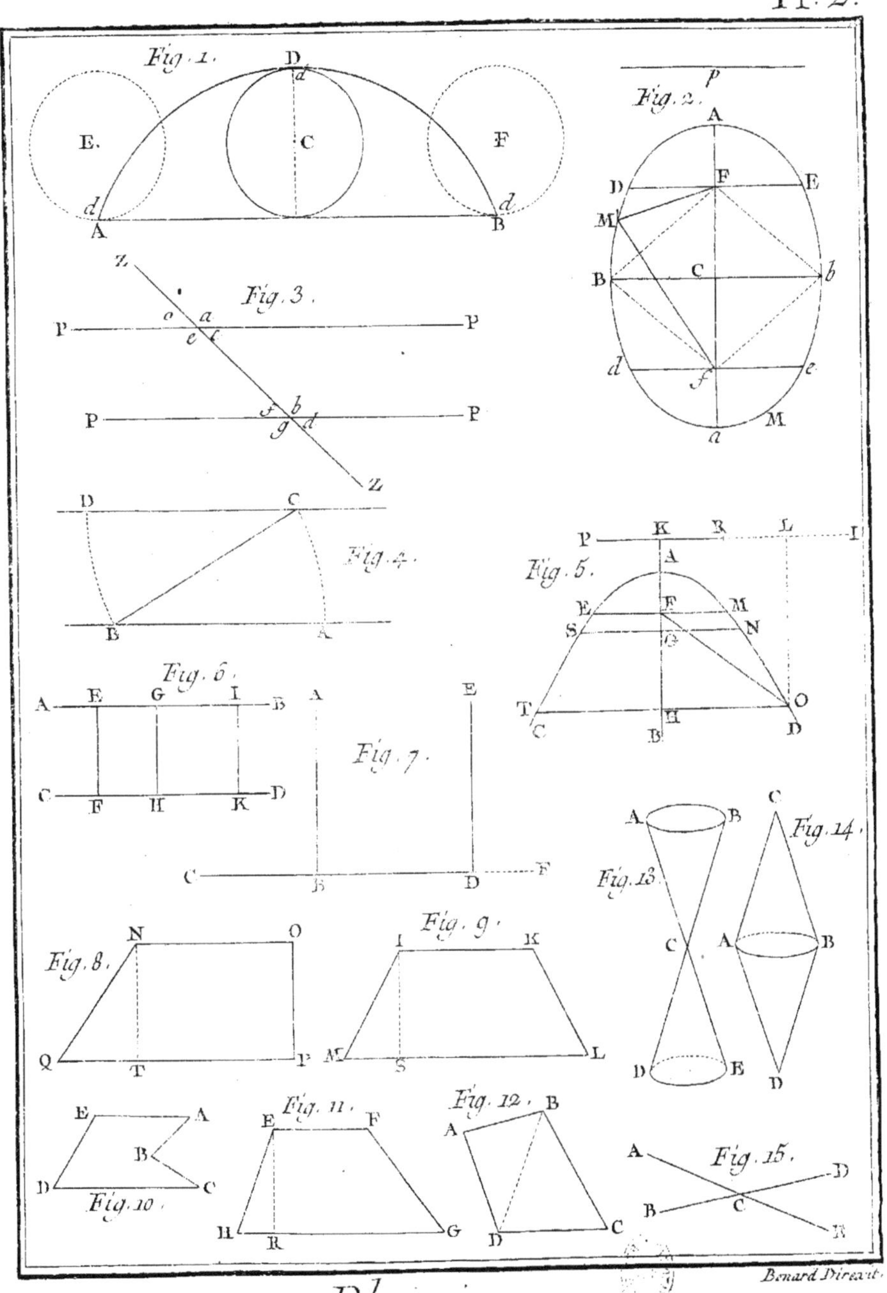

Physique.

Fig. 1.
Fig. 2.
Fig. 3.
Fig. 4.
Fig. 5.
Fig. 6.
Fig. 7.
Fig. 8.
Fig. 9.
Fig. 10.
Fig. 11.
Fig. 12.
Fig. 13.
Fig. 14.
Fig. 15.
Fig. 16.
Fig. 17.
Benard Direxit

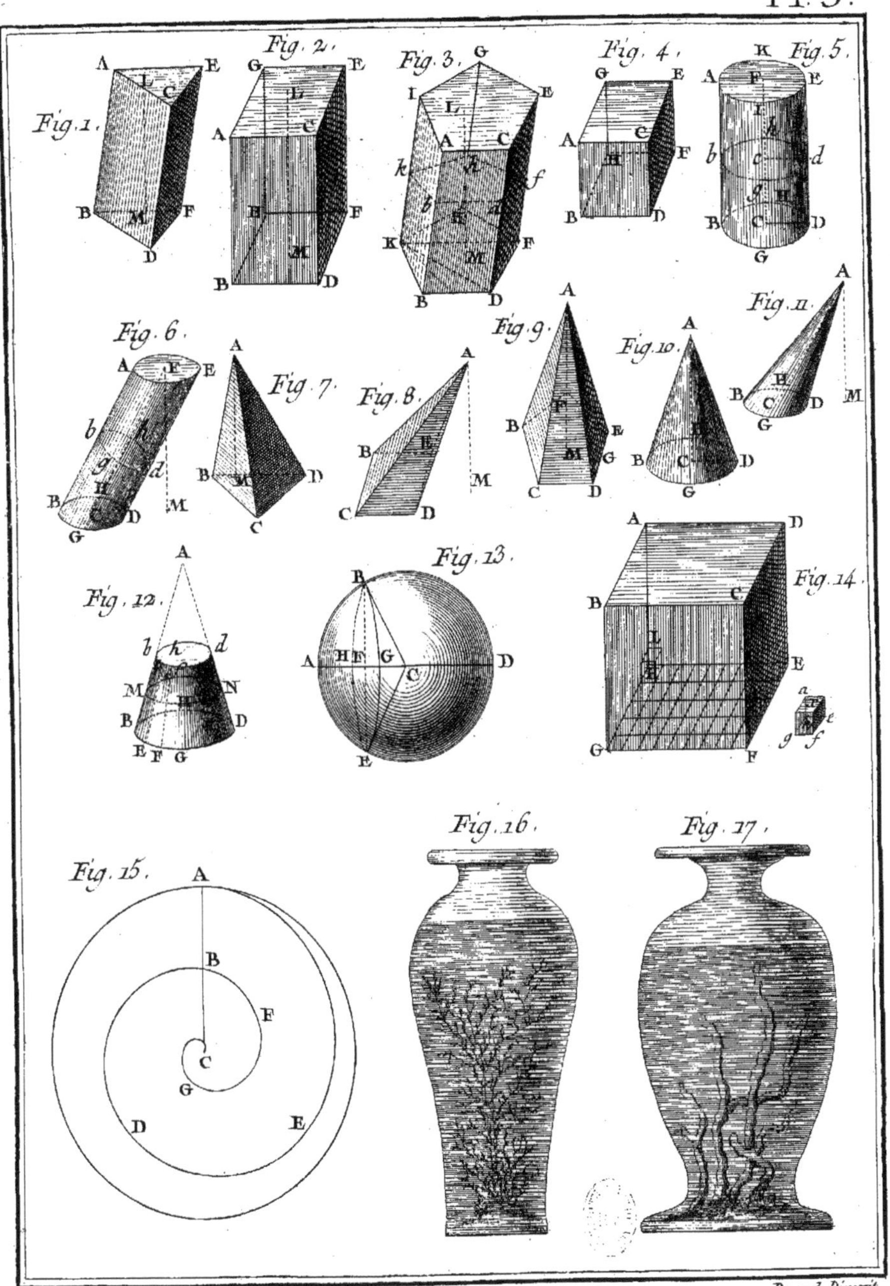

Physique.

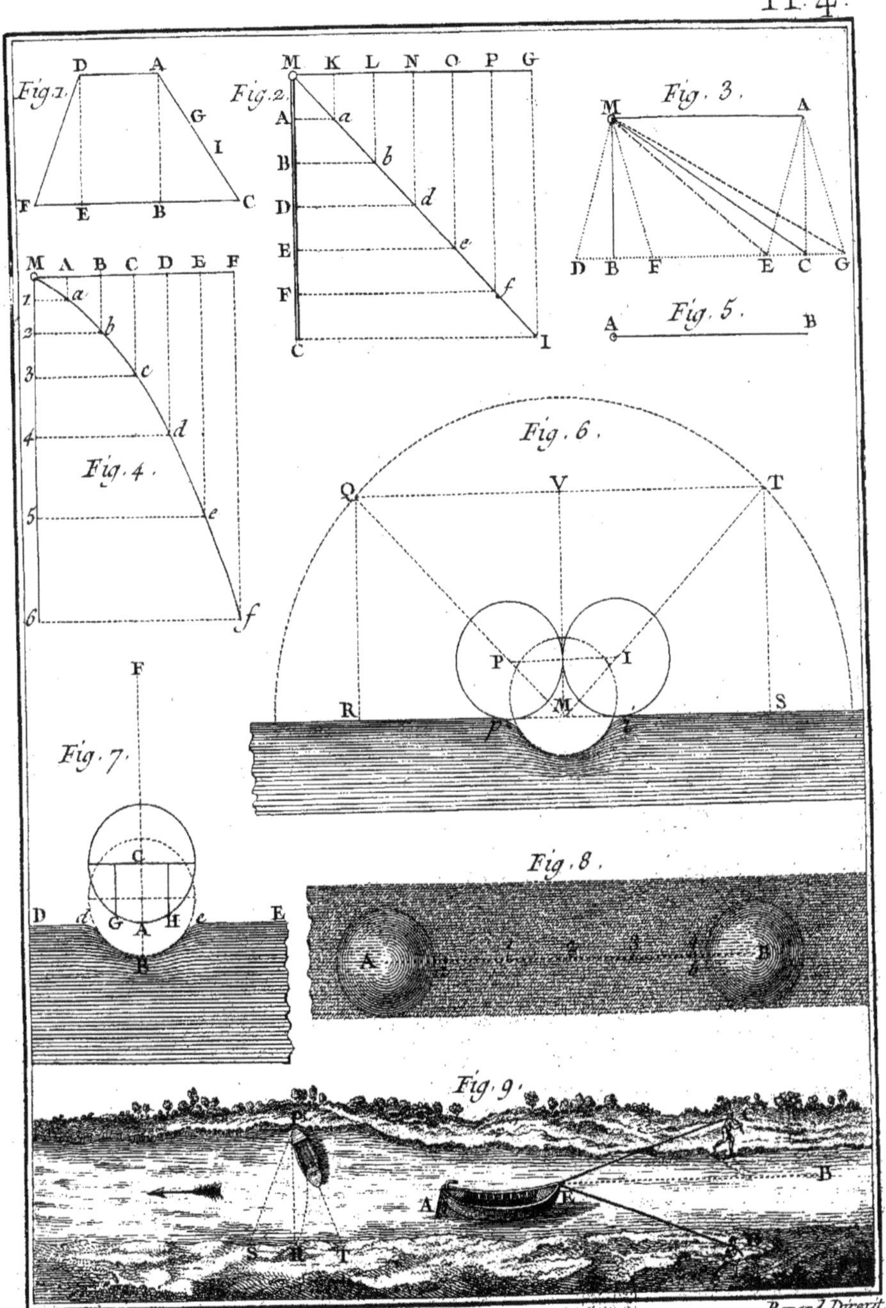

Benard Direxit.

Physique.

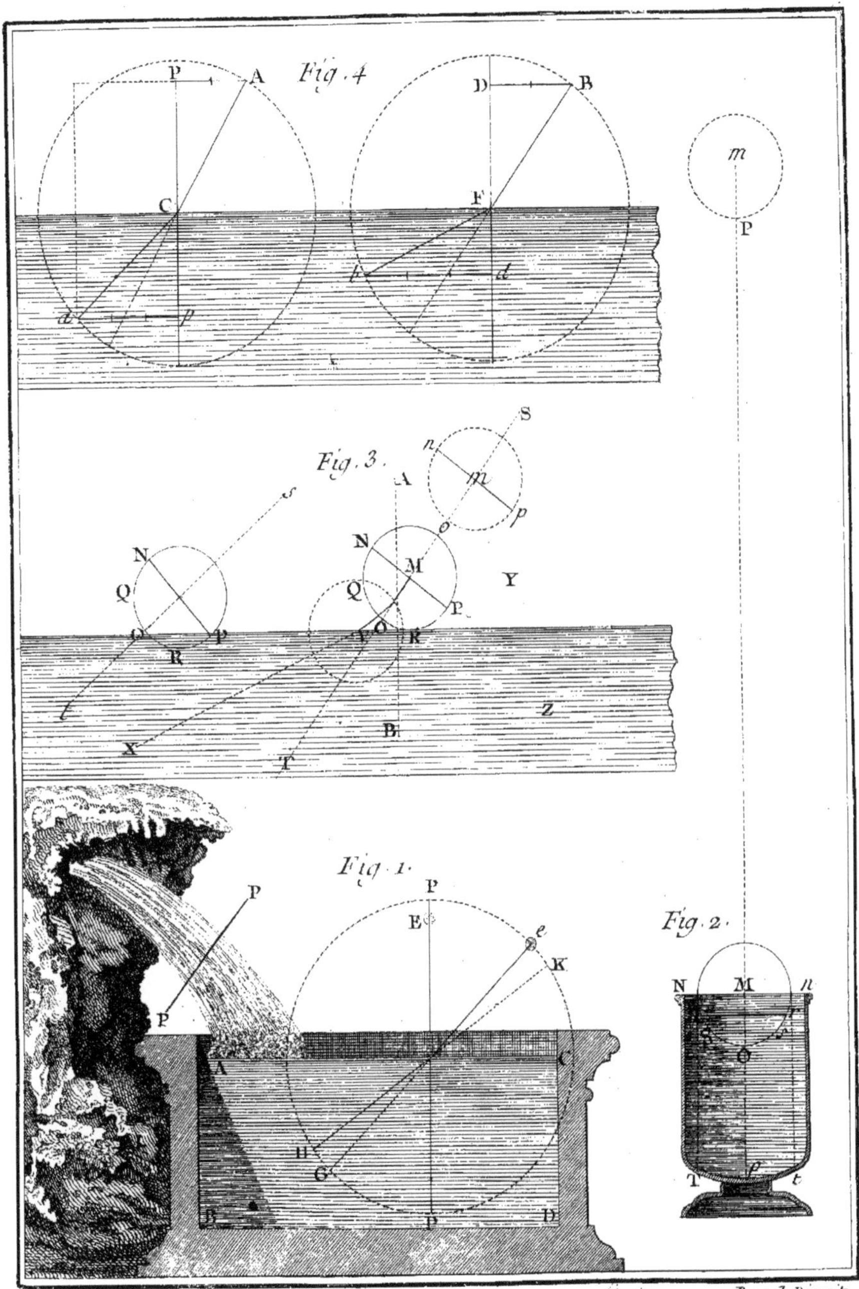

Benard Direxit

Physique.

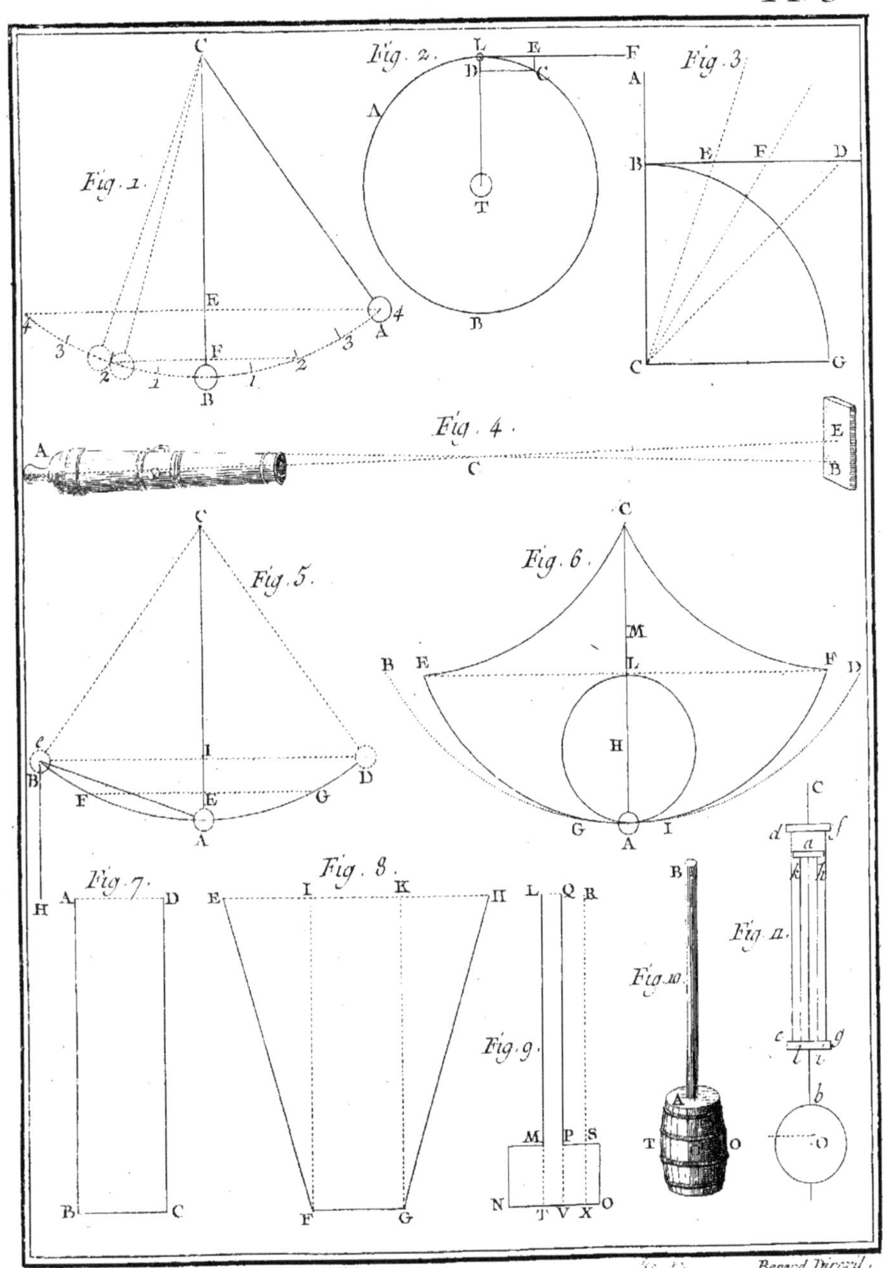

Benard Direxit.

Physique.

Pl. 7.

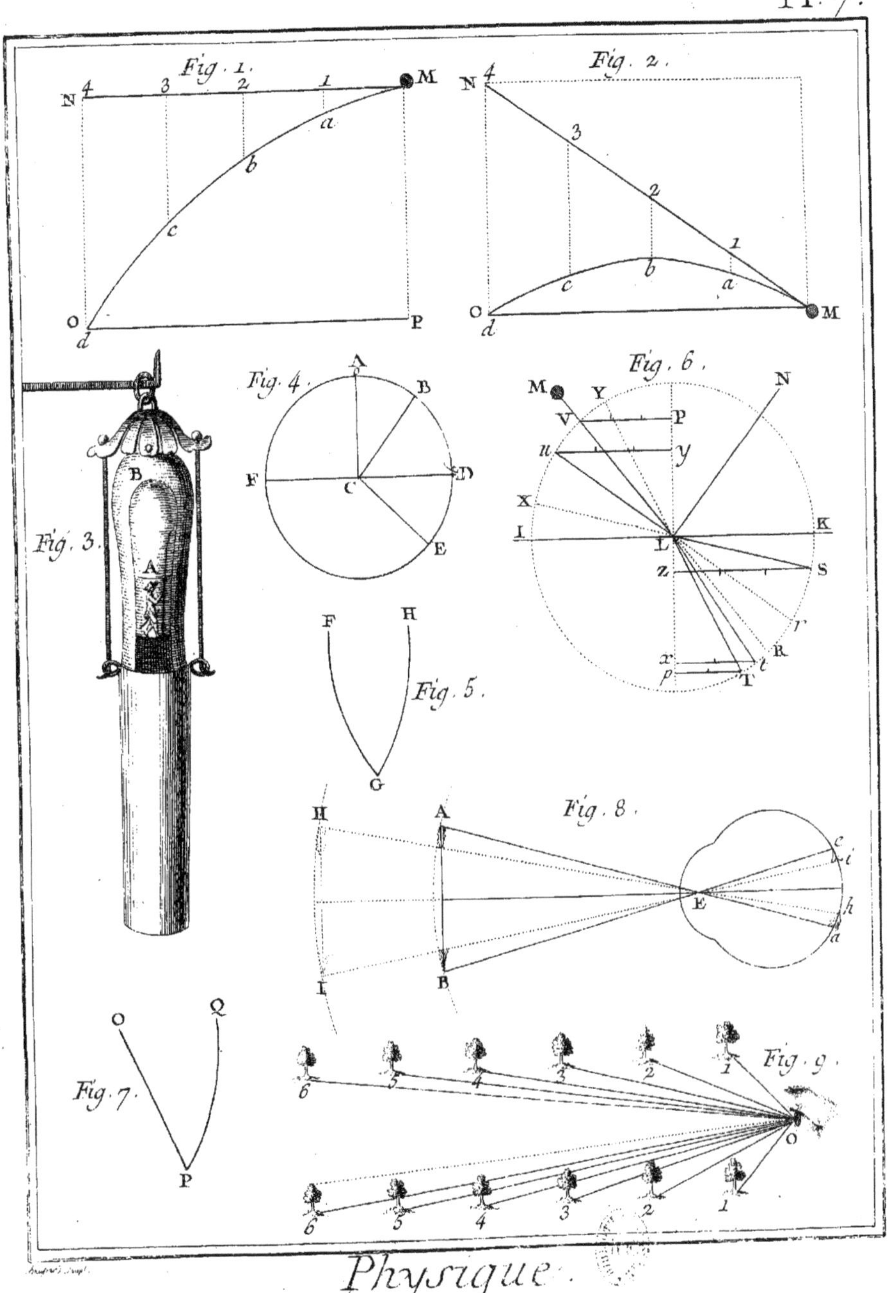

Physique.

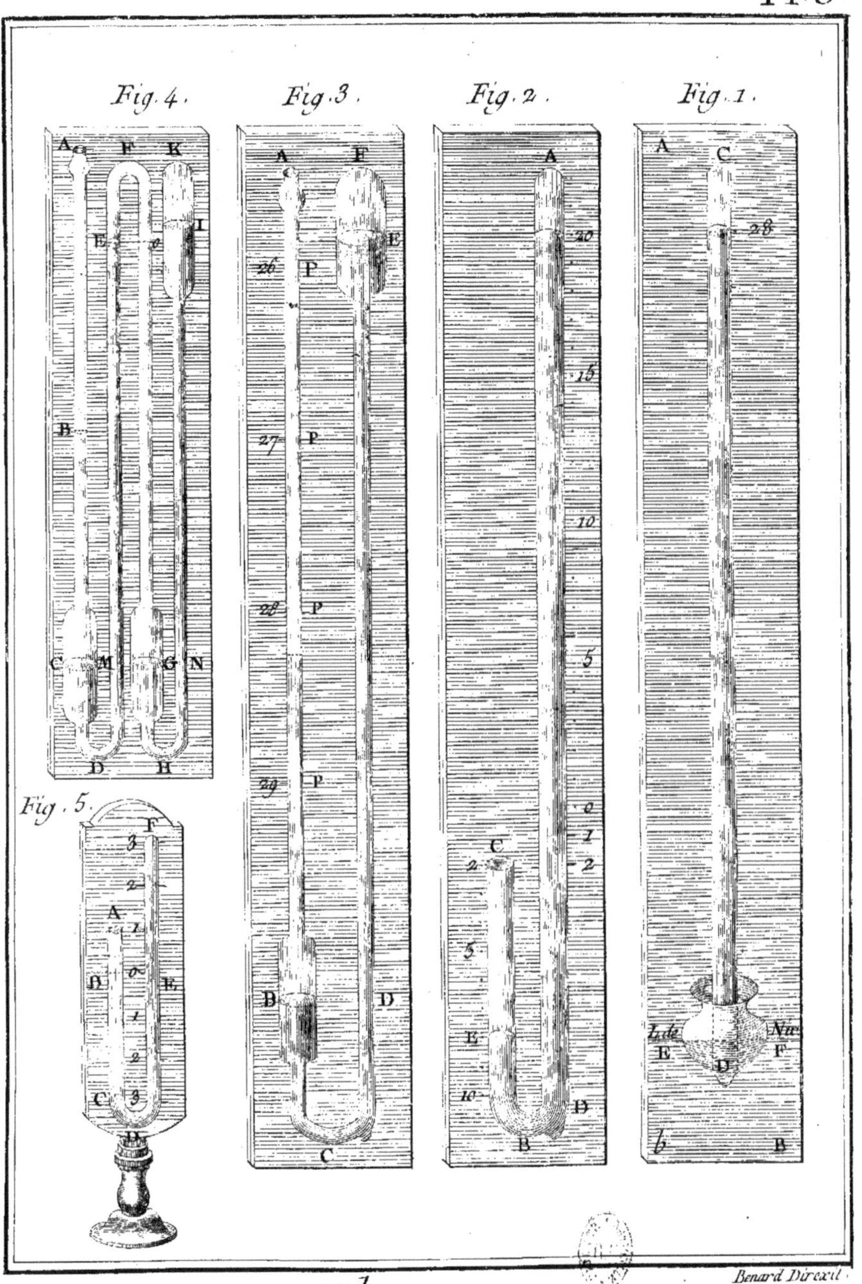

Physique.

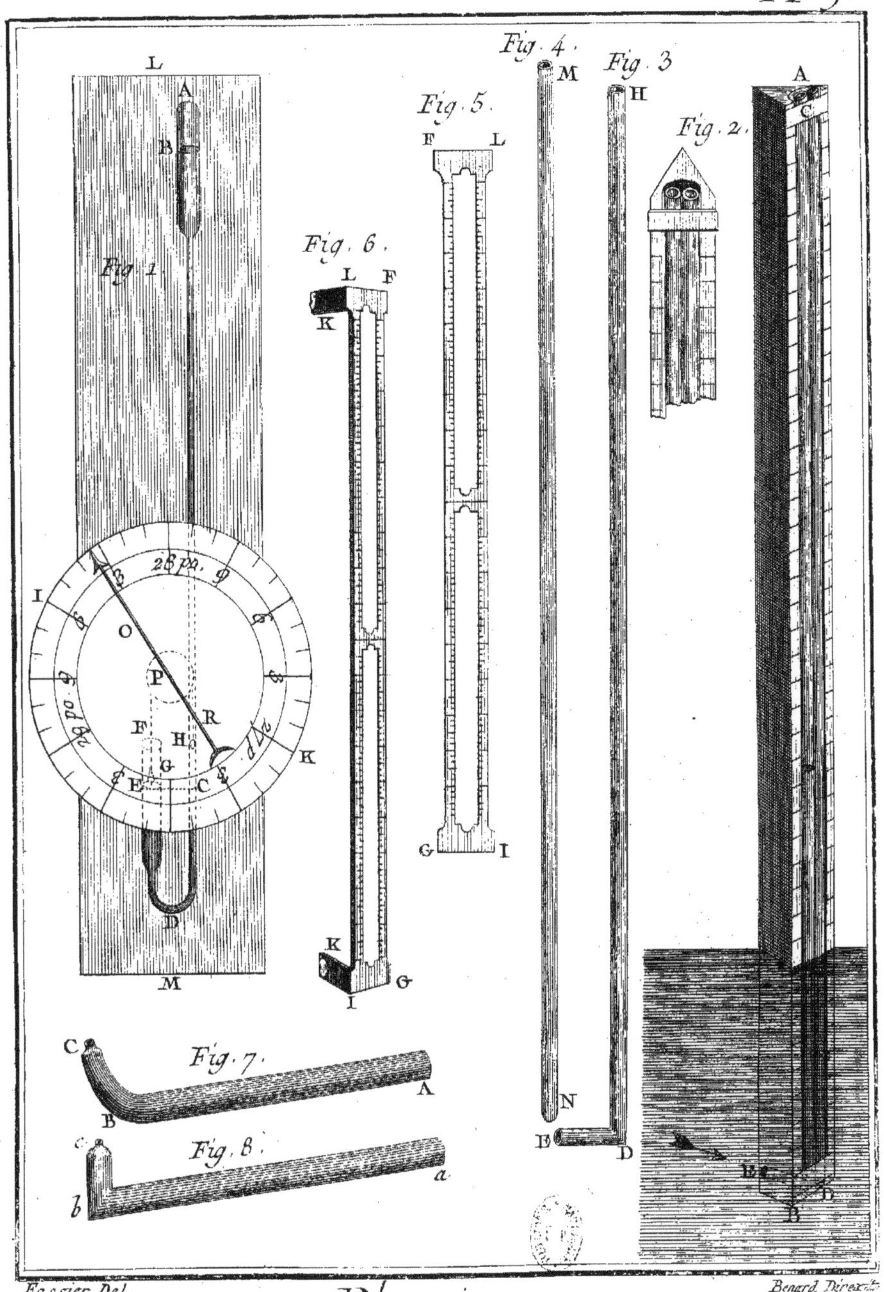

Fossier Del.

Benard Direxit.

Physique.

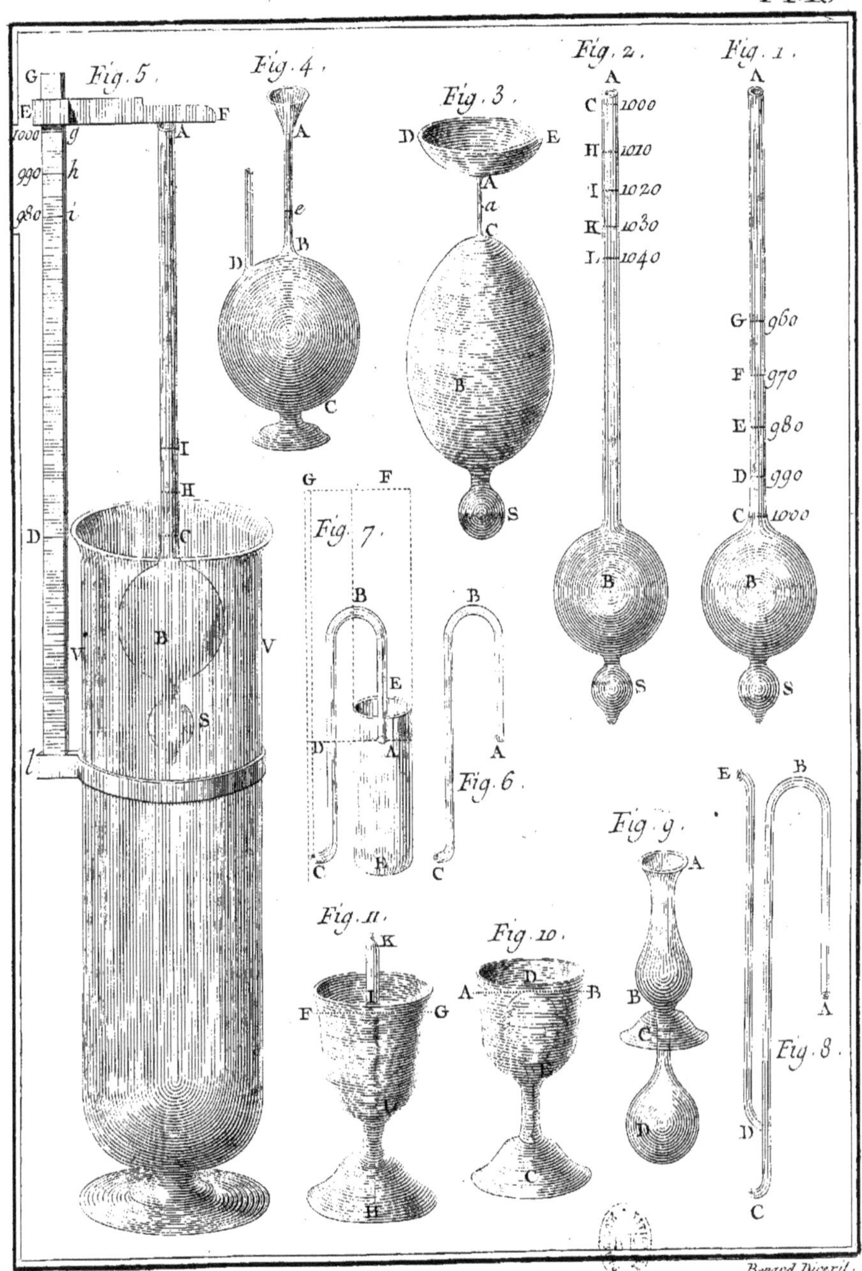

Fossier Del.

Benard Direxit.

Physique.

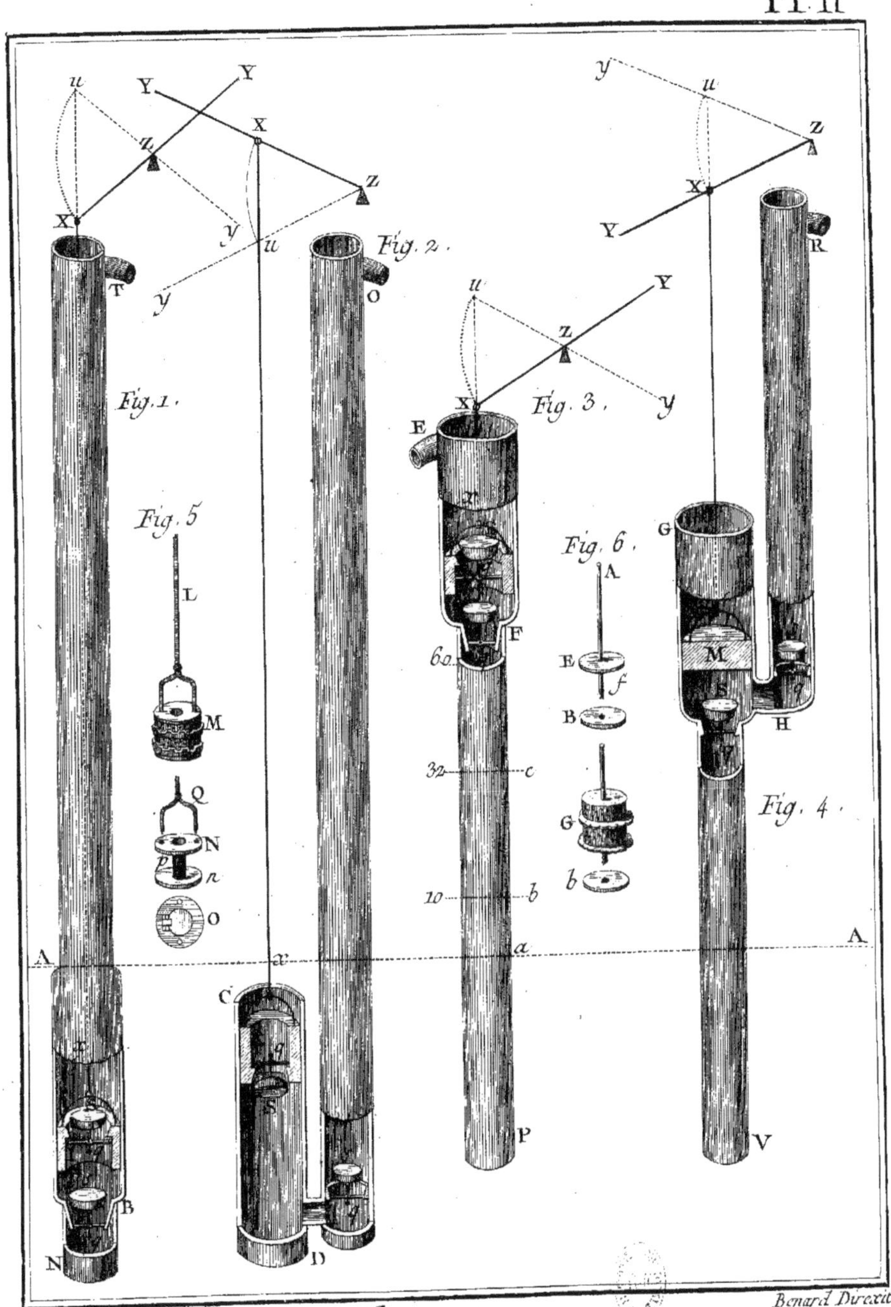

Benard Direxit.

Physique.

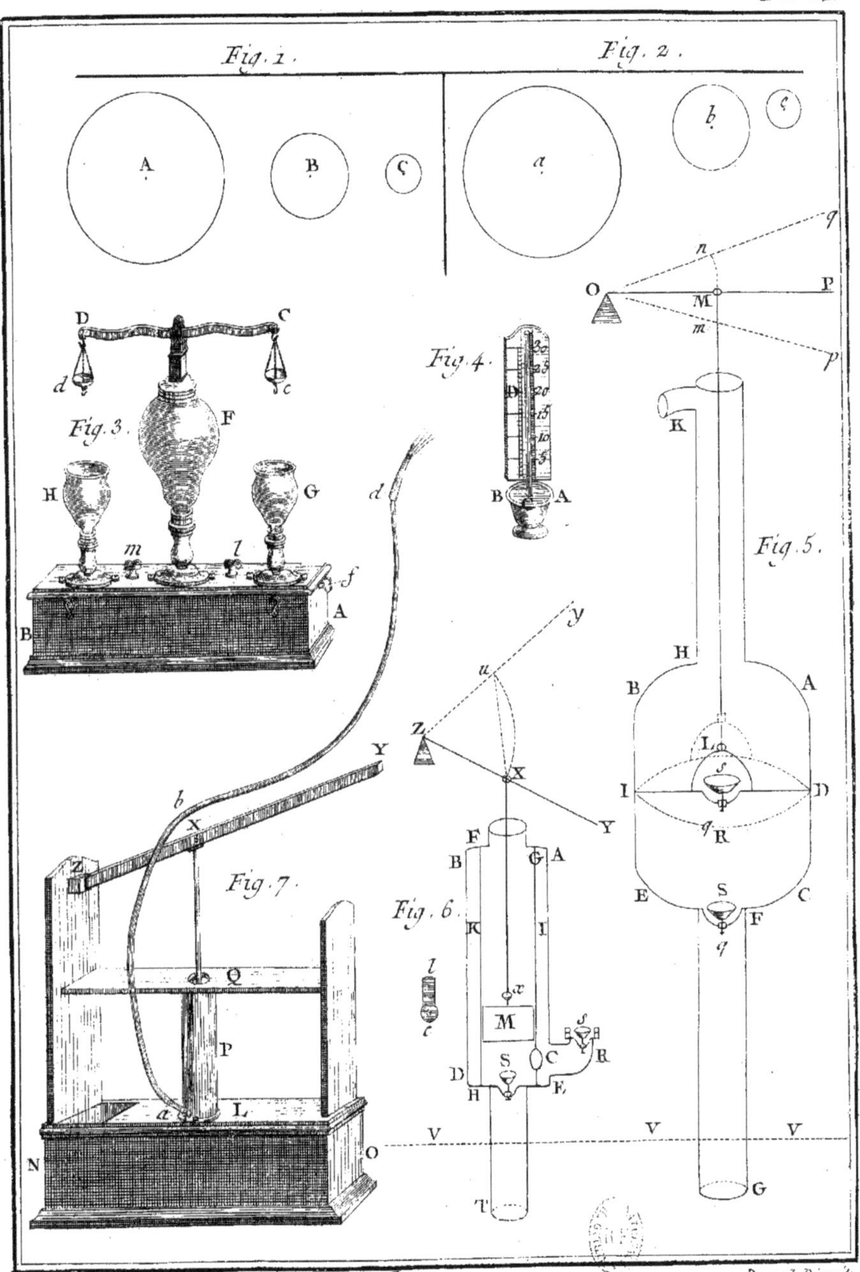

Benard Direxit.

Physique.

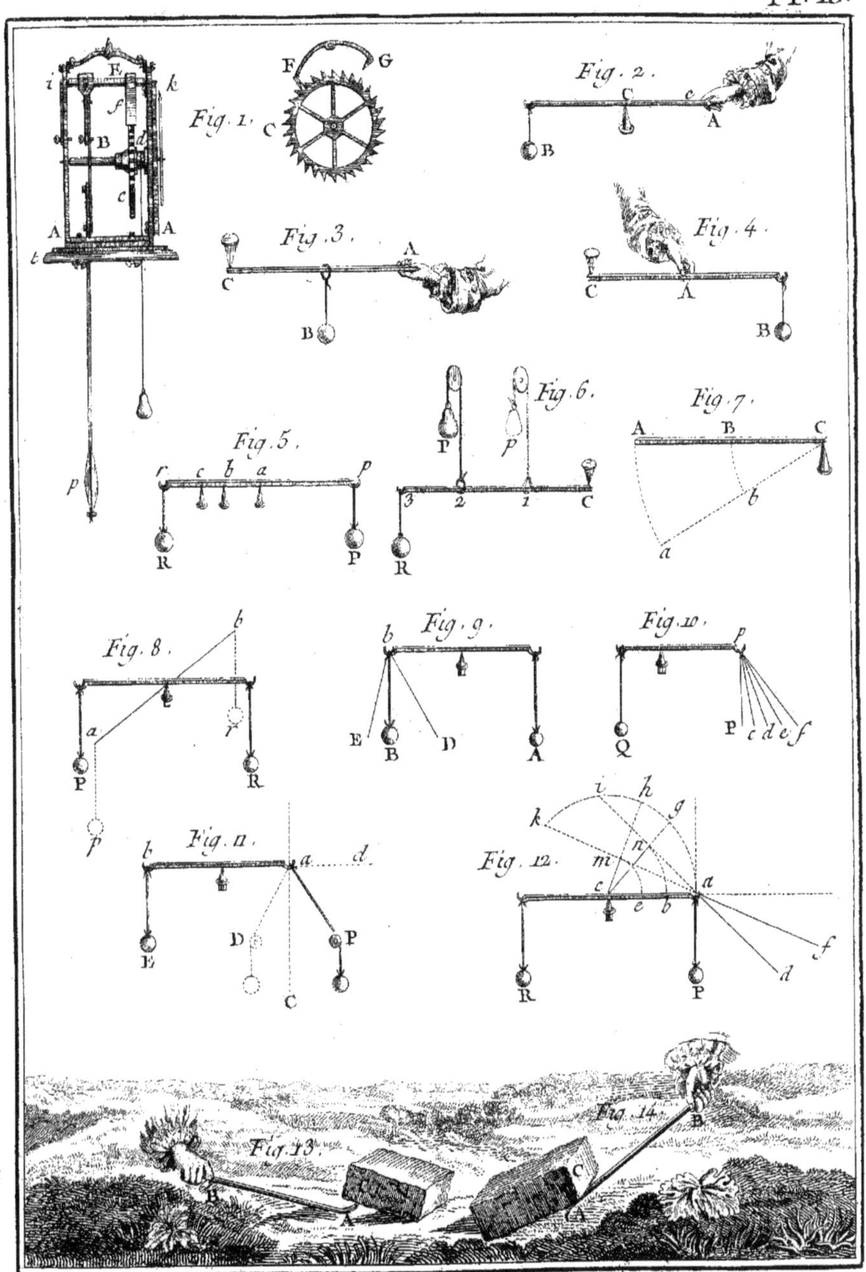

Benard Direxit

Physique.

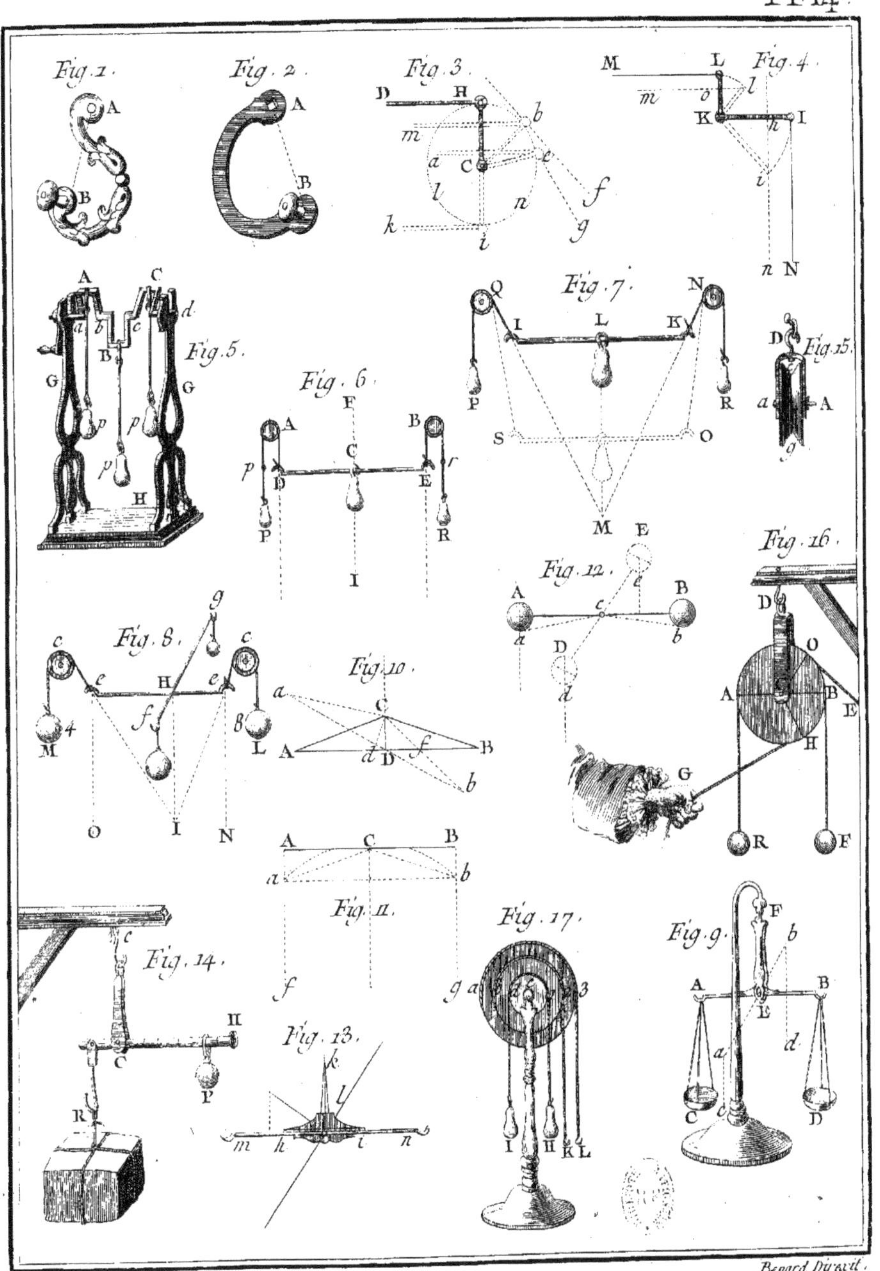

Benard Direxit.

Physique.

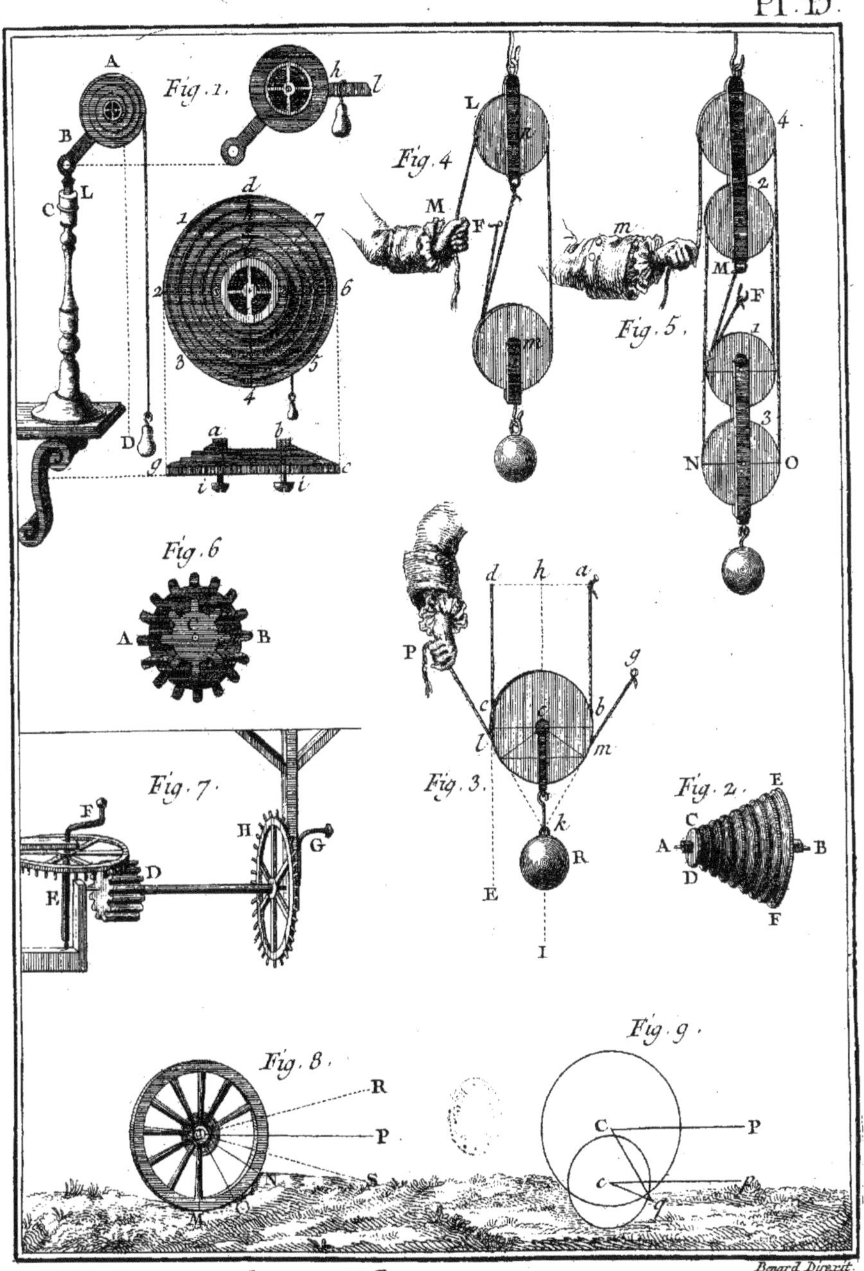

Benard Direxit.

Physique.

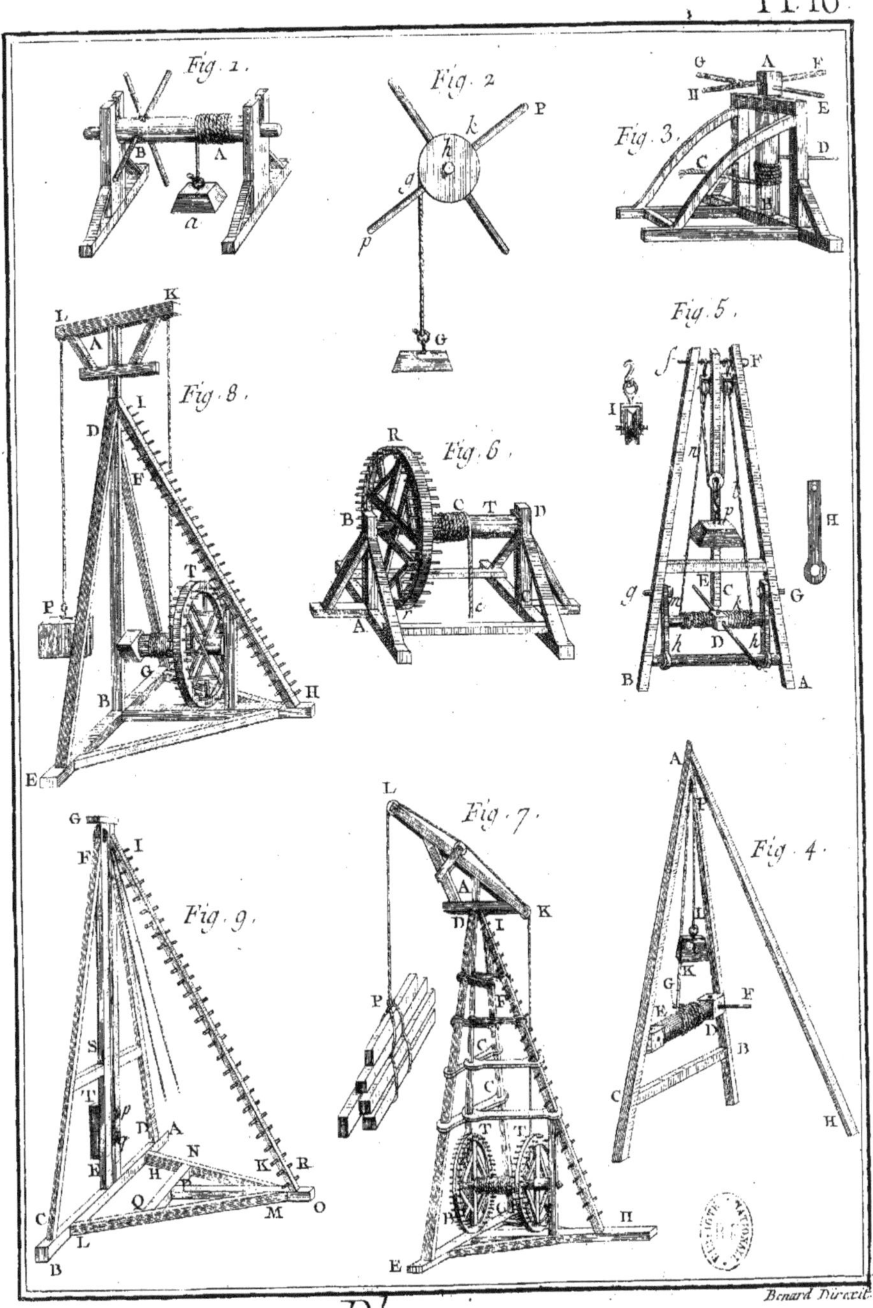

Physique

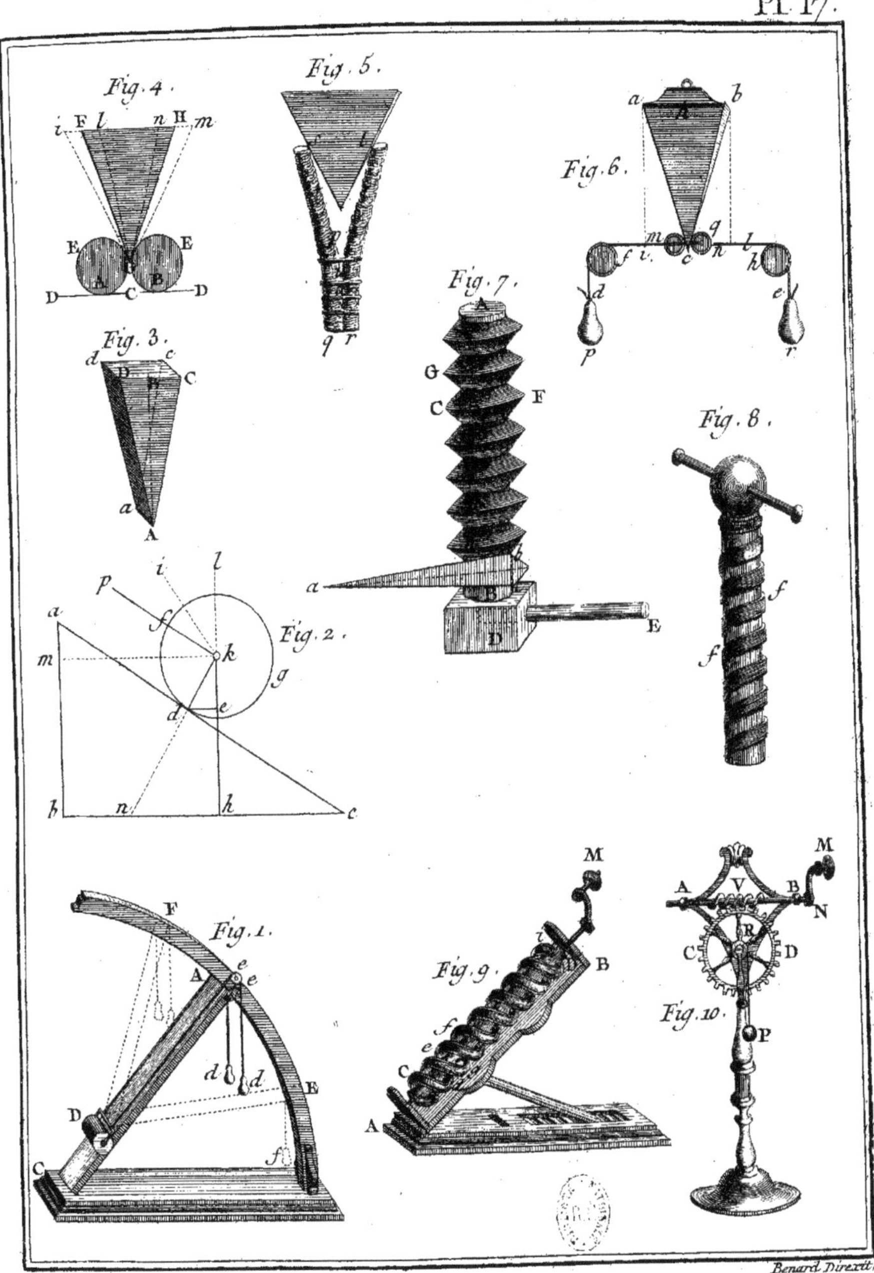

Benard Direxit.

Physique.

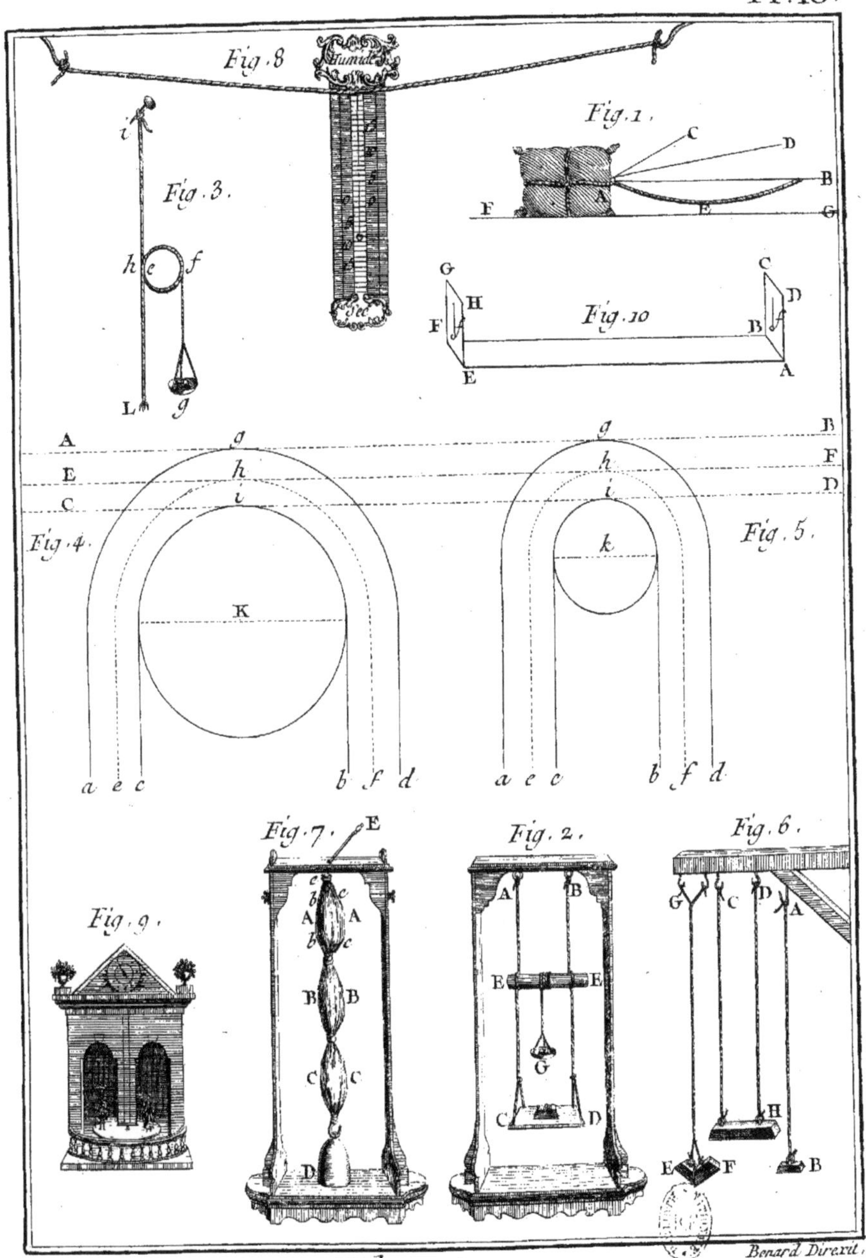

Benard Direxit.

Physique.

Fig. 1.
A
C
B
D
Fig. 2.
A
B
D
C
Fig. 3.
D
90
E
120
A
C
B
Fig. 4.
Fig. 5.
G
F
H
D
E
C
B
A
Fig. 6.
100
10100
9000
8000
7000
6000
5000
4000
3000
2000
1000
90
80
70
60
50
40
30
20
10

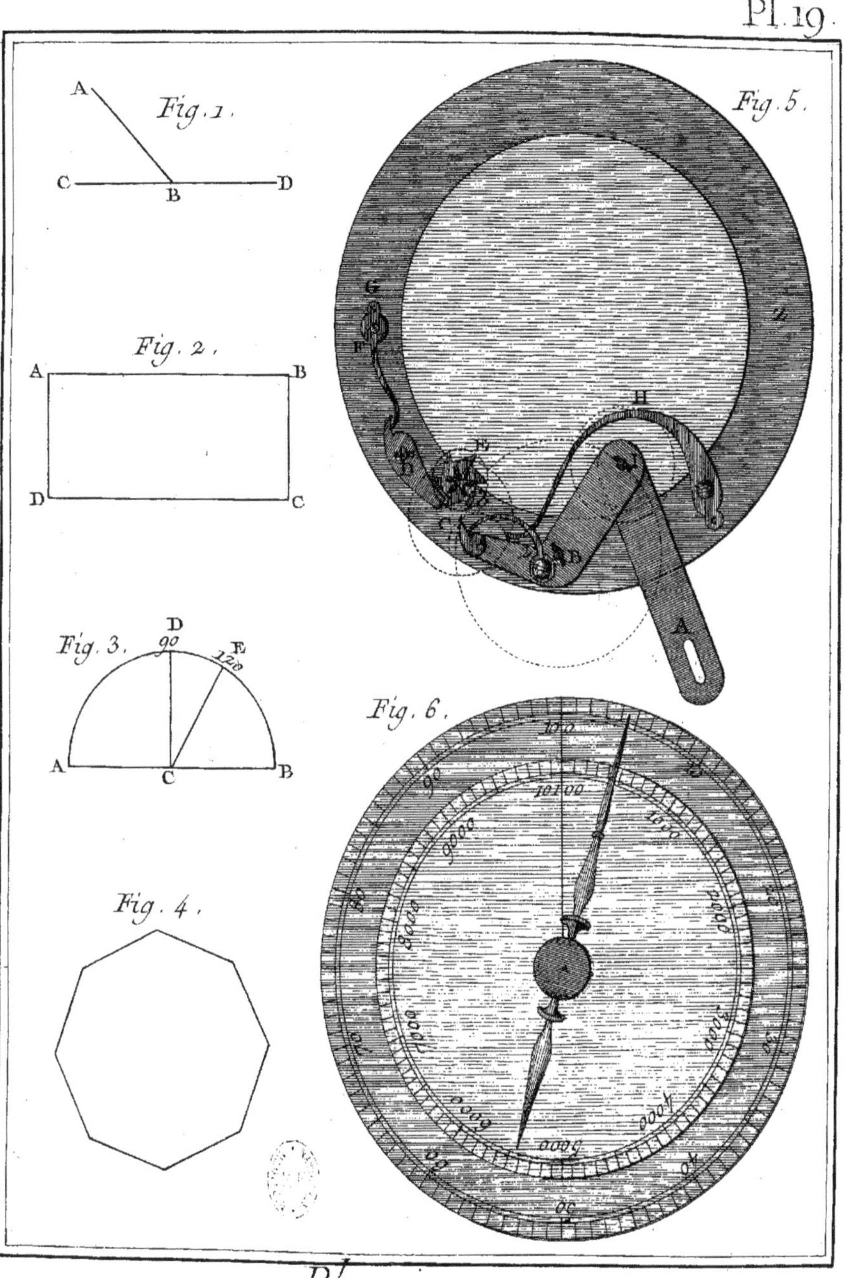

Physique.

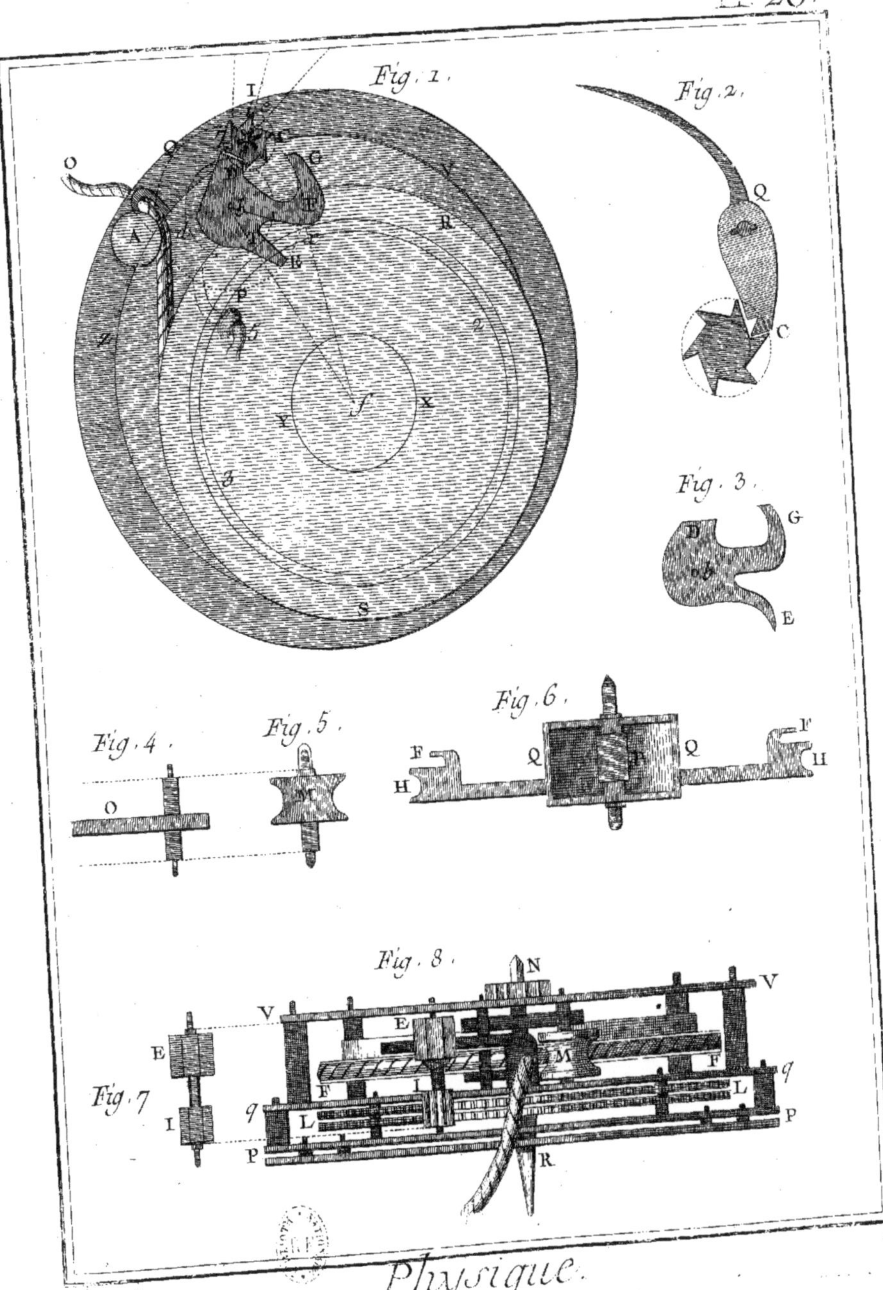

Physique.

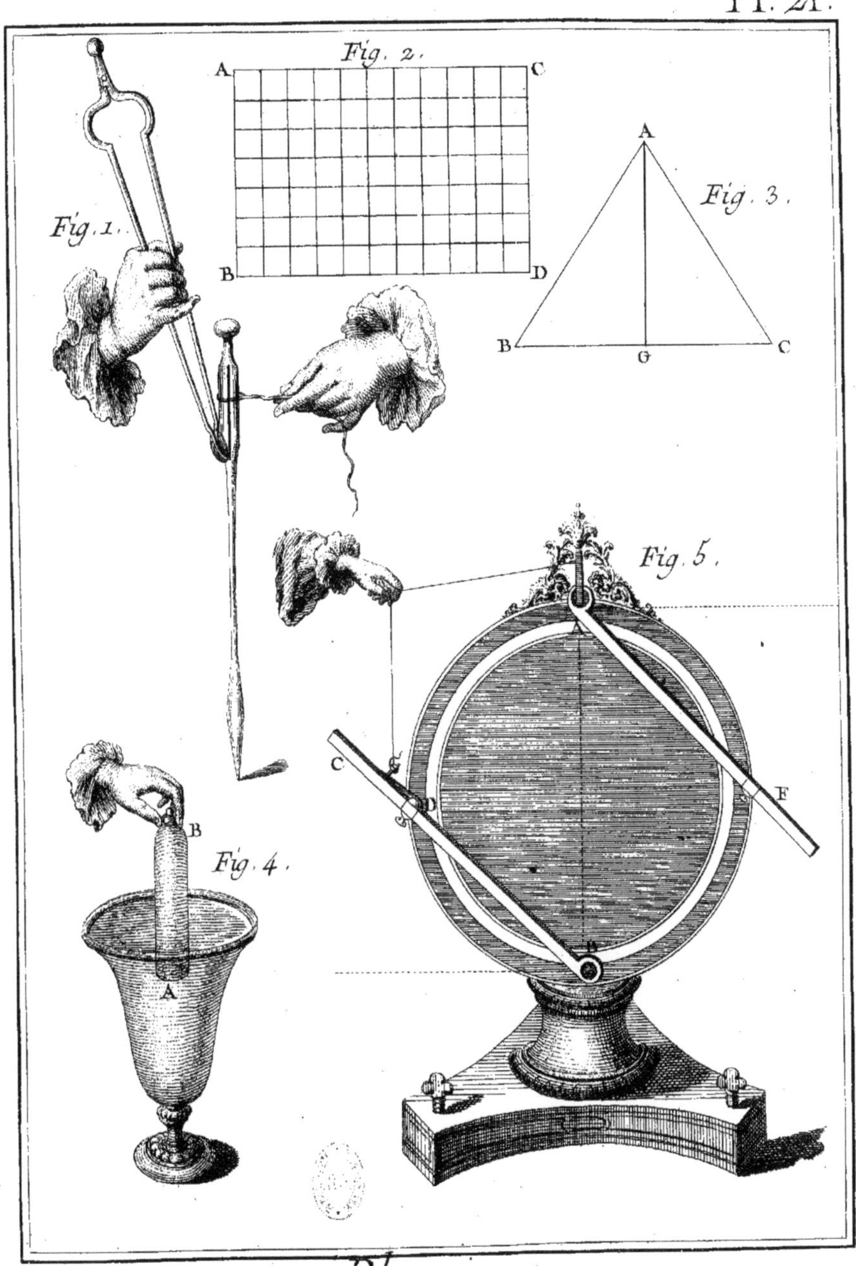

Physique.

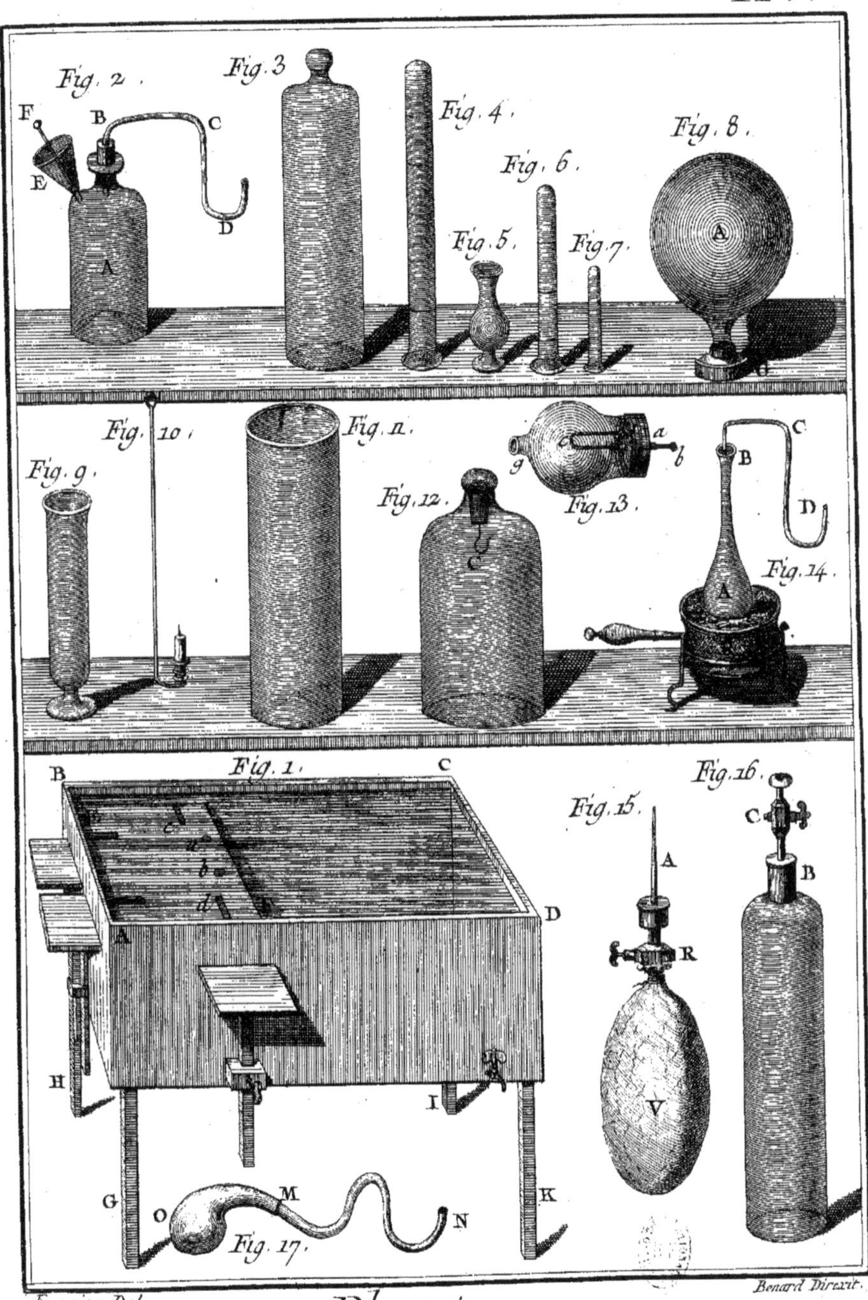

Fossier Del.

Benard Direxit.

Physique.

G
G
Fig. 1.
Fig. 2.
NORD. NNE. NE. ENE. EST. ESE. SE. SSE. SUD. SSO. SO. OSO. OUEST. ONO. NO. NNO.
A
B
C

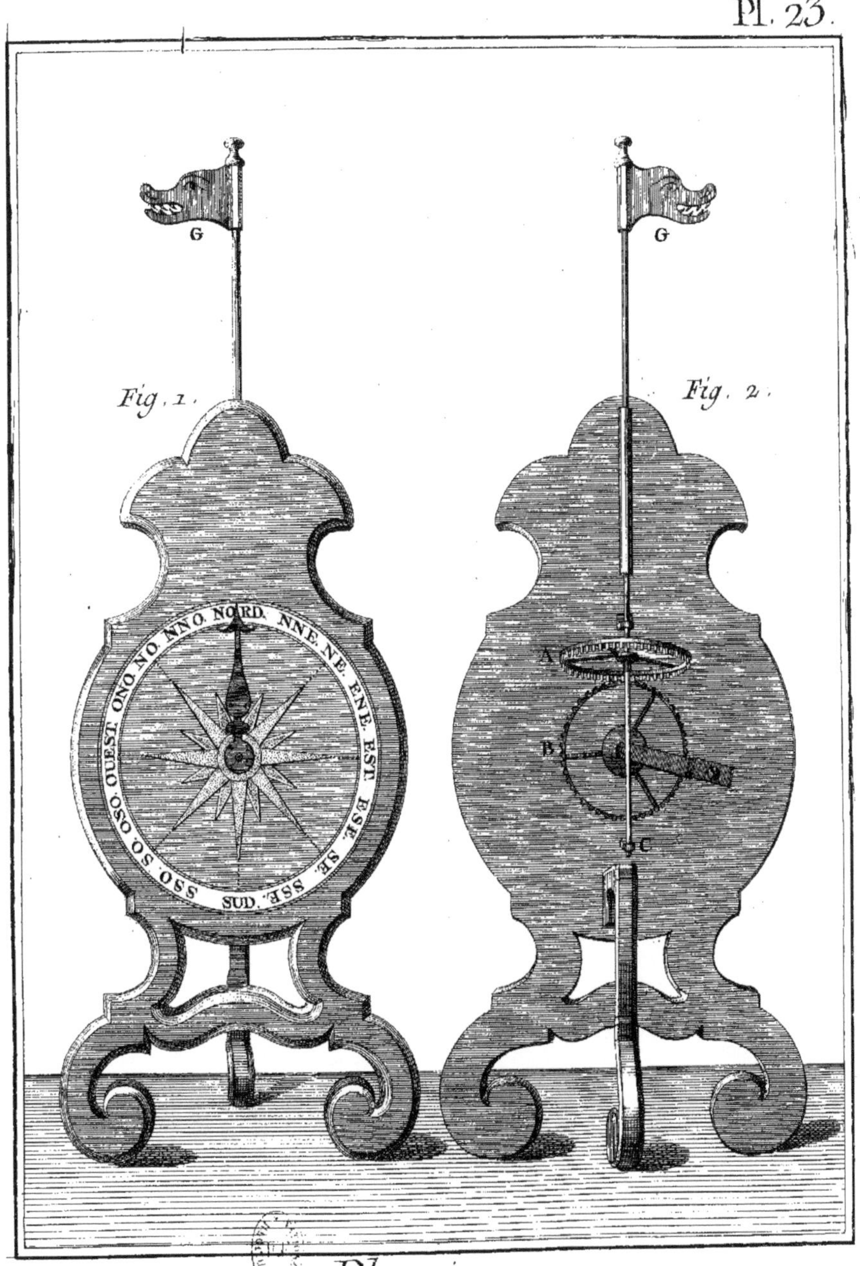

Physique.

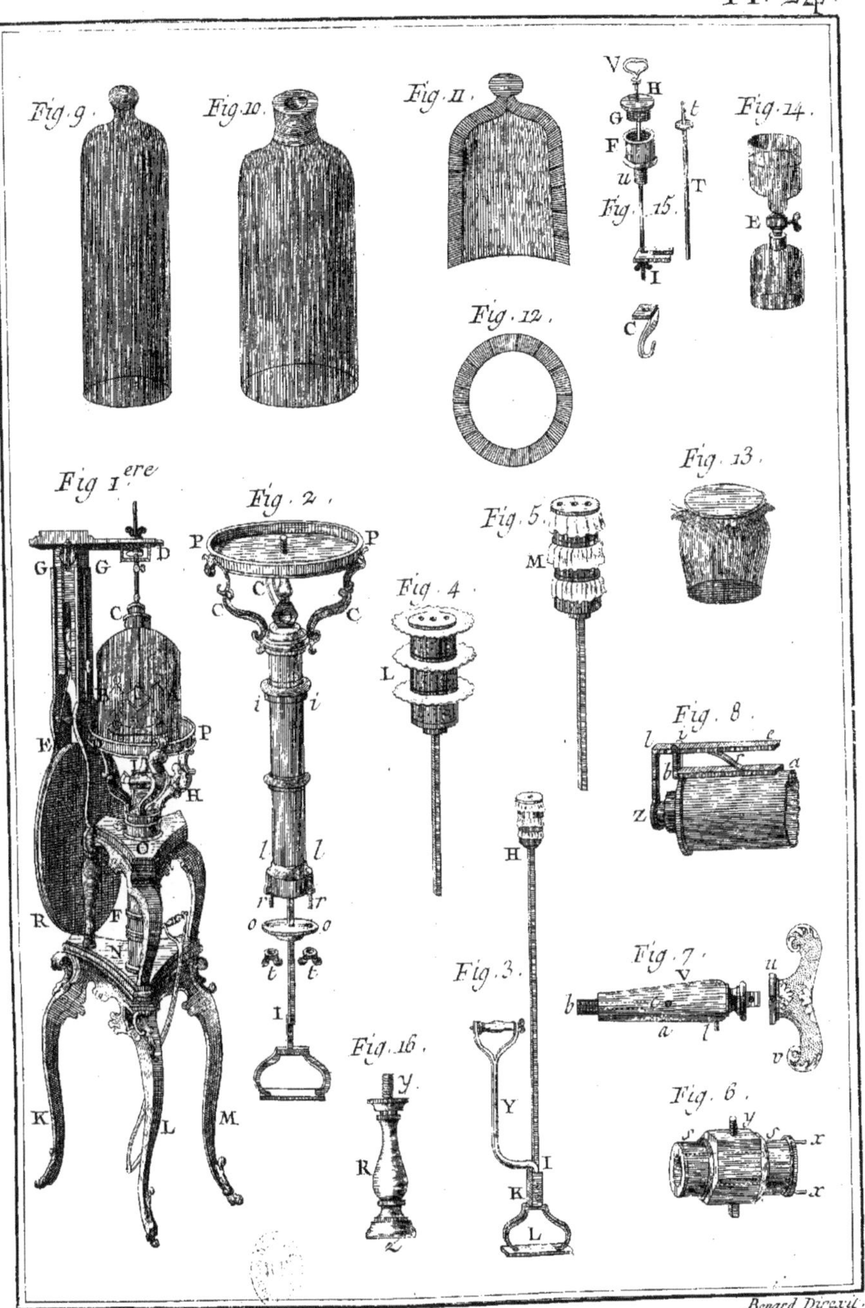

Benard Direxit.

Physique.

Fig. 1.
Fig. 2.
Fig. 3.
Fig. 4.
Fig. 5.
Fig. 6.
Fig. 7.
Fig. 8.
Fig. 9.
Fig. 10.
Fig. 11.
Fig. 12.
NORD
OUEST
EST
SUD
Benard Direxit.

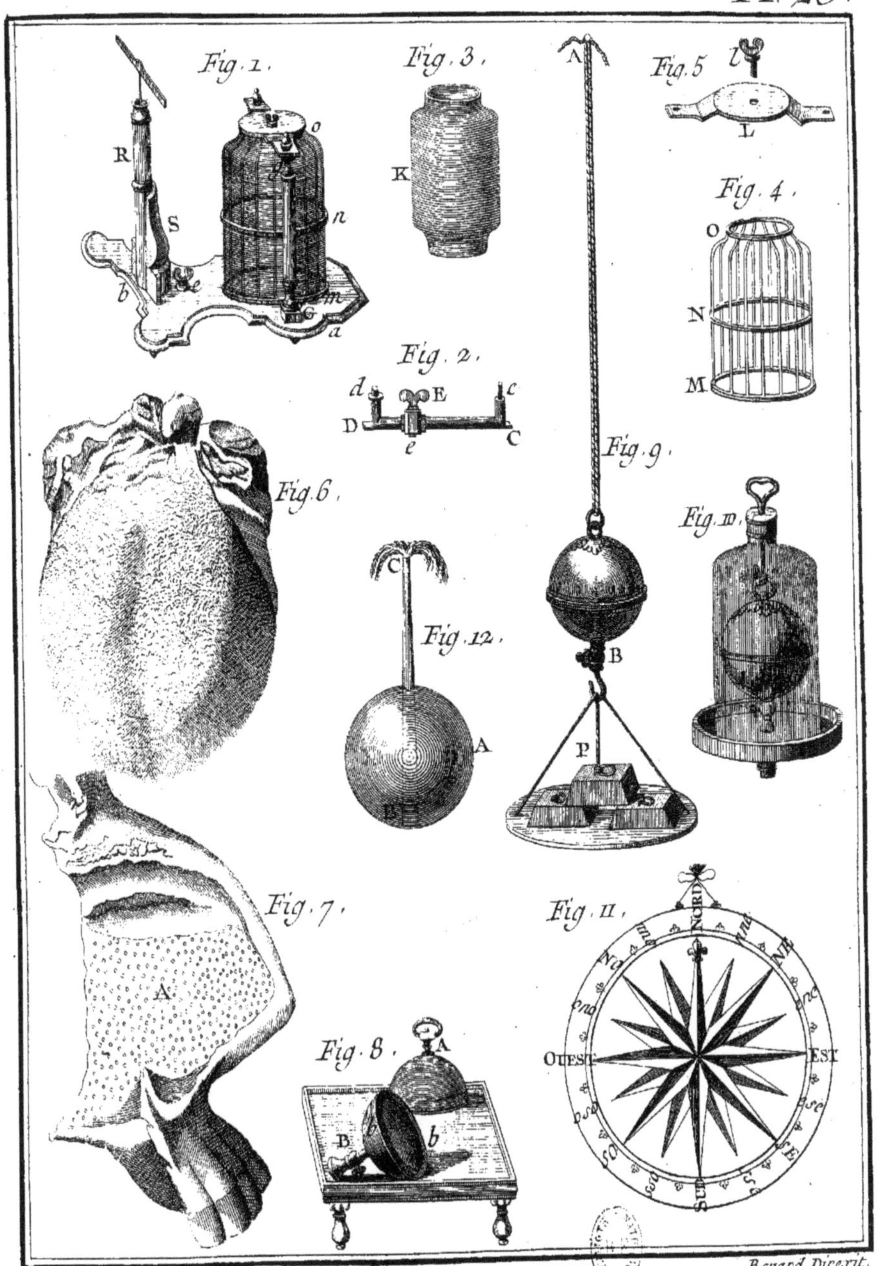

Physique.

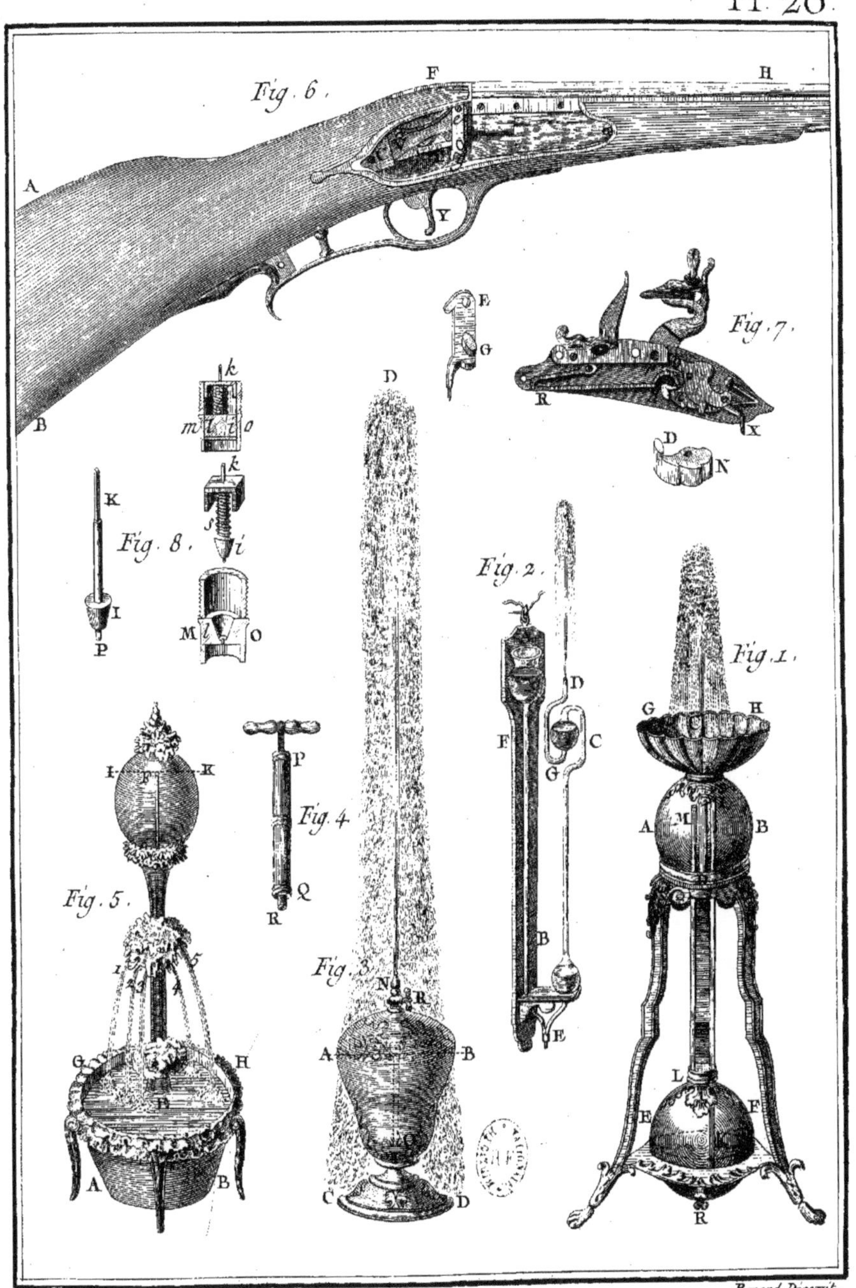

Benard Direxit.

Physique.

Fig. 1.
Fig. 2.
Fig. 3.
Fig. 4.
Fig. 5.
Fig. 6.
Fig. 7.
Fig. 8.
Fig. 9.
Fig. 10.
Fig. 11.
Fig. 12.
Benard Direxit.

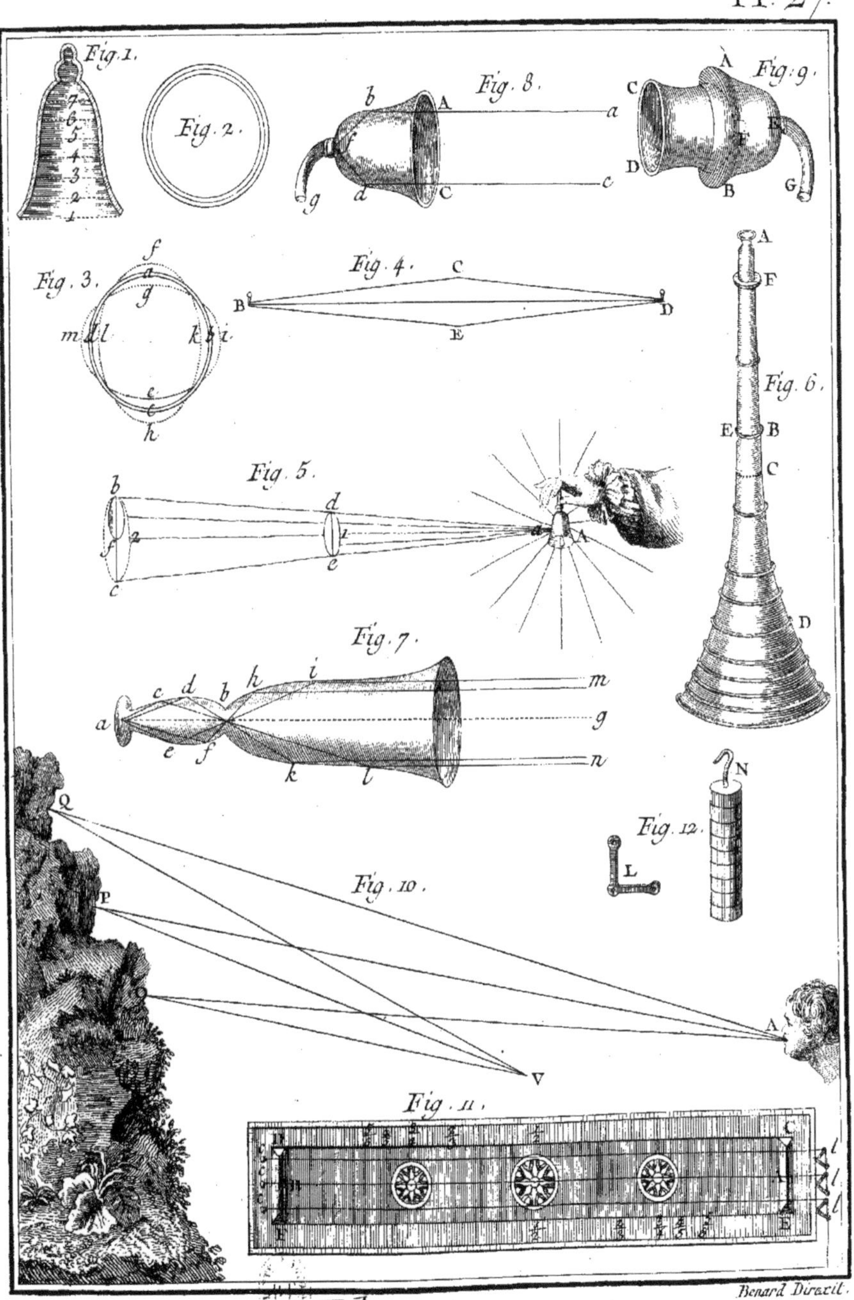

Physique.

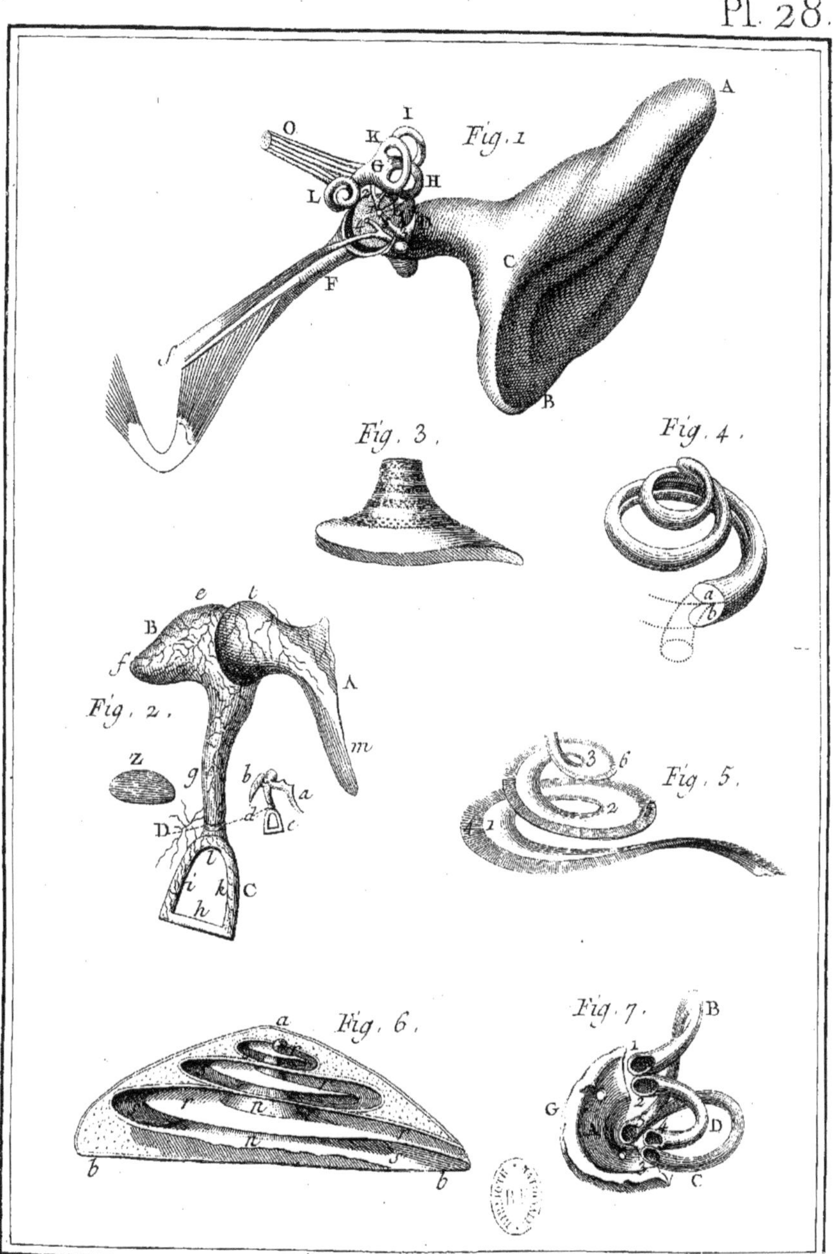

Physique.

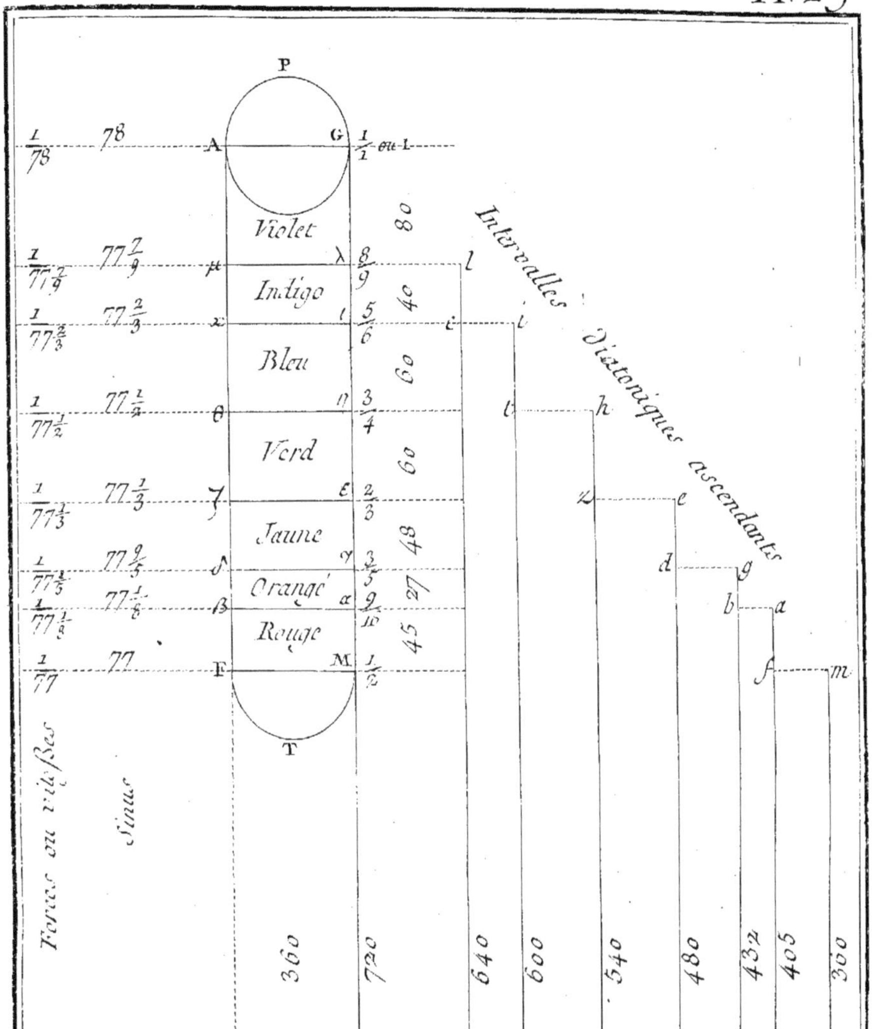

P

1/78 78 A G 1/1 ou 1

Violet 80

1/77 7/9 77 7/9 μ λ 8/9 l

Indigo 40

1/77 2/3 77 2/3 x ι 5/6 c i

Bleu 60

1/77 1/2 77 1/2 θ η 3/4 t h

Verd 60

1/77 1/3 77 1/3 γ ε 2/3 z e

Jaune 48

1/77 1/5 77 1/5 δ γ 3/5 d g

Orangé 27

1/77 1/8 77 1/8 β α 9/16 b a

Rouge 45

1/77 77 F M 1/2 f m

T

Intervalles Diatoniques ascendants

Forces ou vitesses

Sinus

360 720 640 600 540 480 432 405 360

B X 80 40 60 60 48 27 45 Y

Re. Mi. Fa. Sol. La. Si. Ut. Re.

B. Direxit.

Physique.

Pl. 30.

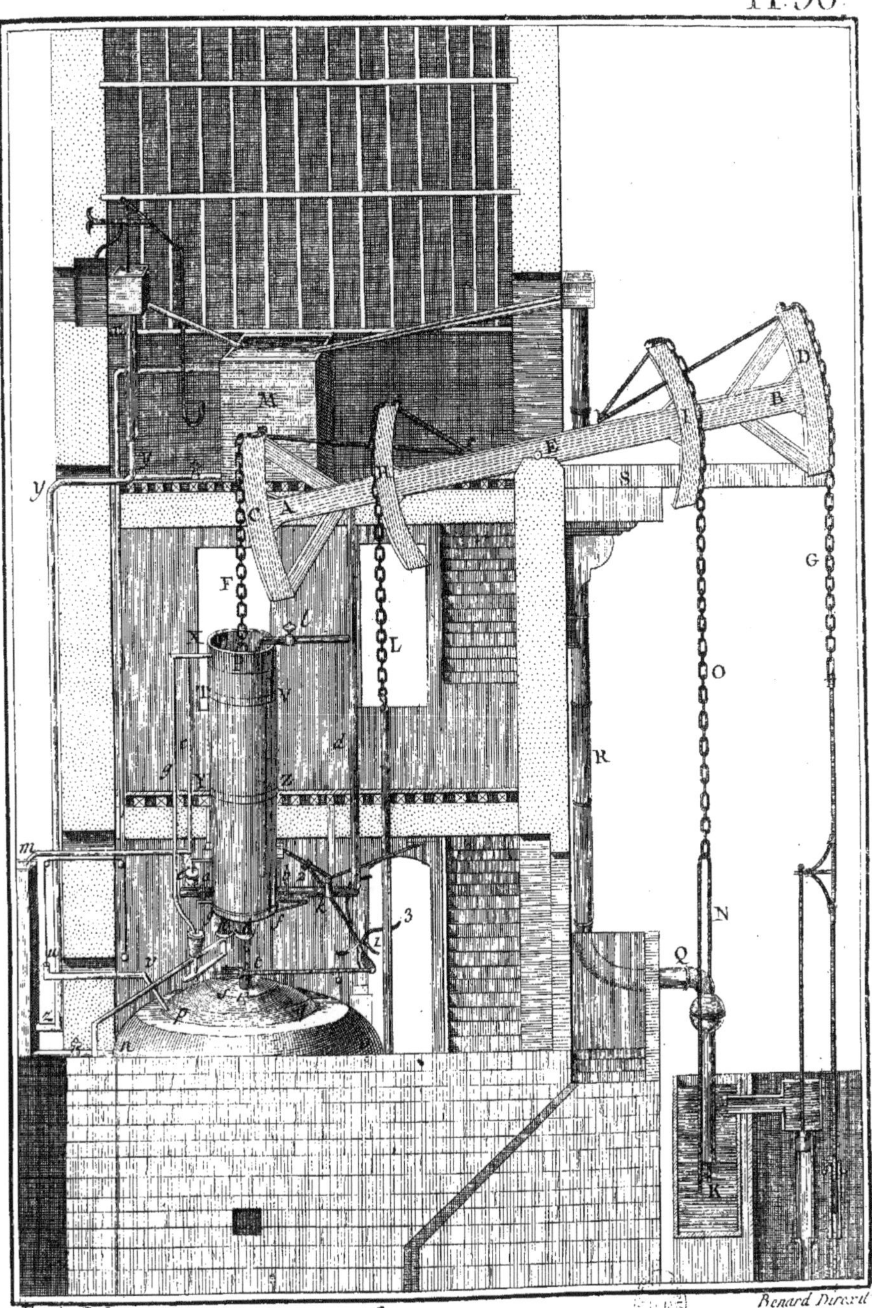

Fossier Del.

Benard Direxit

Physique.

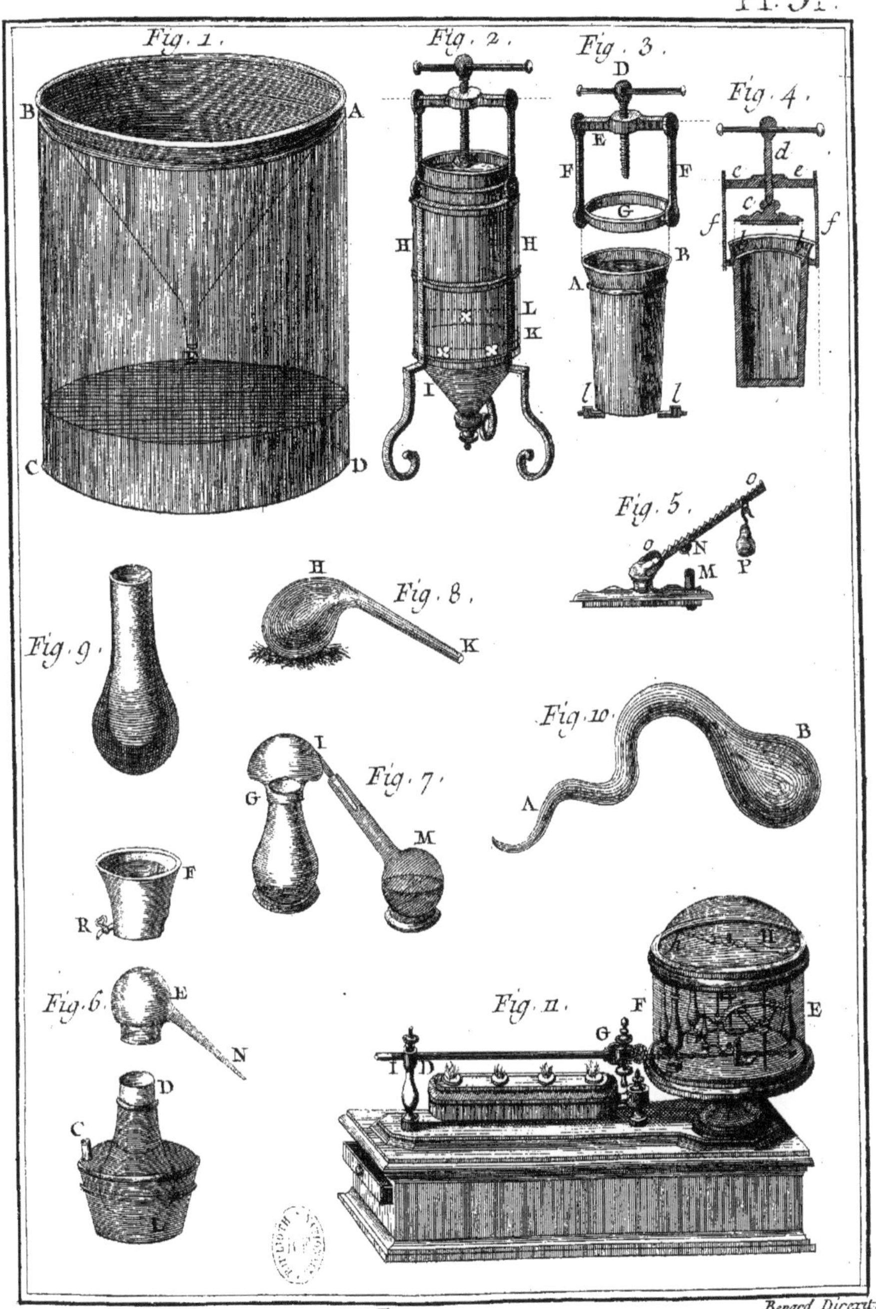

Benard Direxit.

Physique.

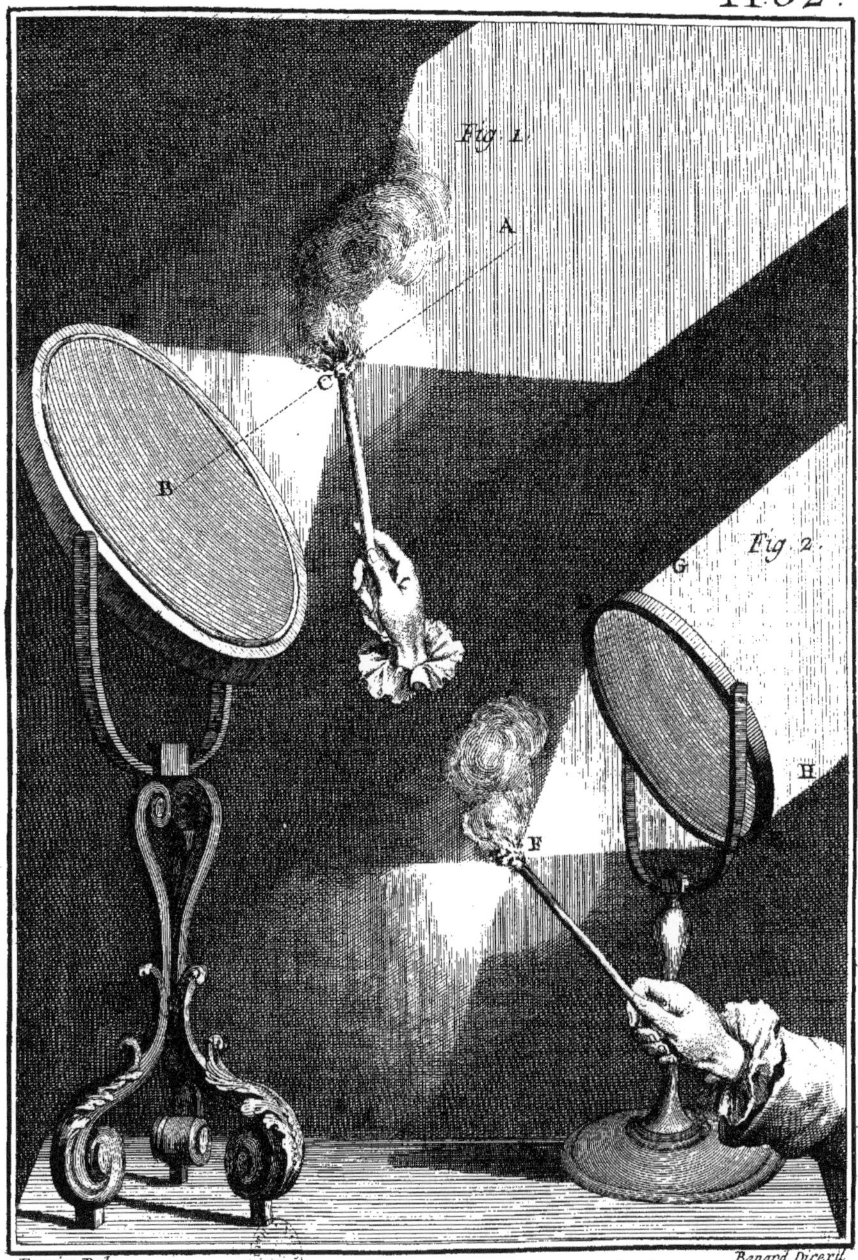

Fossier Del.

Benard Direxit

Physique.

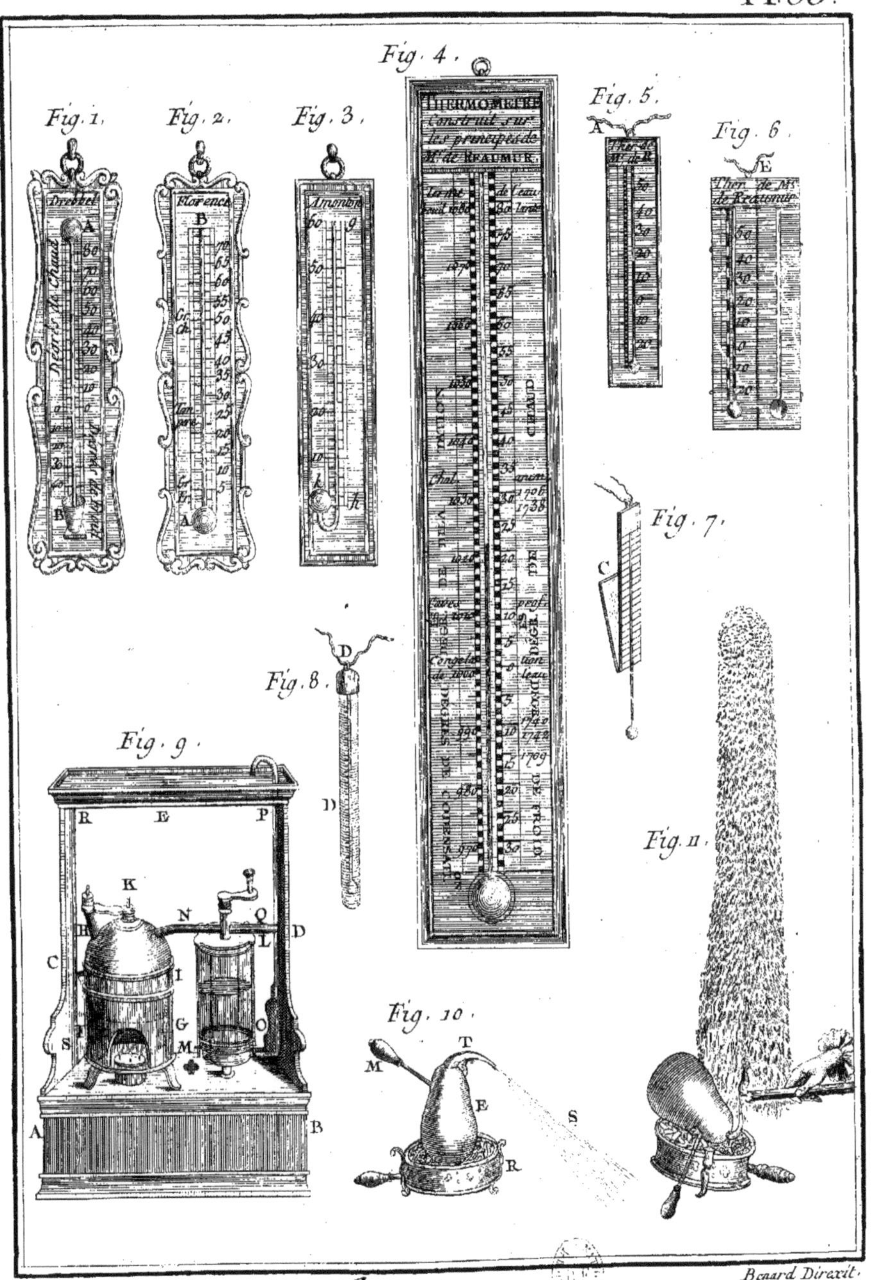

Benard Direxit.

Physique.

Correspondance des Thermometres.

I	II	III	IV	V	VI	VII	VIII	IX	X	XI	XII	XIII
de Luc.	de Luc.	Reaumur.	Farenheit.	de l'Isle.	La Hire.	Amontons.	Hales.	Newton.	Brisson.	Brisson.	de Luc.	de Luc
☿	E. d. v.	E. d. v.	☿	☿	E. d. v.	Air	E. d. v.	Huile de Lin	☿	E. d. v.	☿	☿
80.	80.	100, 4.	212	0.		$73^{p}.\ 0^{l}$		33. 86.	87.	102. 8.	84.	147.
75.	73, 8.	92, 6.	200. 75	9. 375.				31. 74.	81. 5.	94. 8.	78.	135. 375.
70.	67, 8.	85.	189. 5.	18. 75.				29. 63.	76. 1.	87. 1.	72.	123. 75.
66. 6.	63, 7.	80.	181. 85.	25. 125.				28. 19.	72. 4.	81. 8.	67. 92	115. 845.
65.	61, 9.	77, 6.	178. 25	28. 125.				27. 51.	70. 7.	79. 6.	66.	112. 125.
60.	56, 2.	70, 5.	167.	37. 5.				25. 30.	65. 2.	72. 3.	60.	100. 5.
55.	50, 7.	63, 7.	155. 75.	46. 875.				23. 28.	59. 8.	65. 2.	54.	88. 875.
50.	45, 3.	57, 1.	144. 5.	56. 25.				21. 16.	54. 3.	58. 3.	48.	77. 25.
45.	40, 1.	50, 7.	133. 25	65. 625.				19. 04.	48. 9.	51. 6.	42.	65. 625
40.	35, 1.	44, 5.	122.	75.				16. 93.	43. 5.	45. 1.	36.	54.
35.	30, 2.	38, 5.	110. 75.	84. 375.				14. 81.	38.	38. 8.	30.	42. 375.
30.	25, 5.	32, 6.	99. 5.	93. 75.	86. 12.		56. 95.	12. 69.	32. 6.	32. 7.	24.	30. 75.
29. 9.	25, 4.	32, 5.	99. 225	93. 937.	85. 92.	60. 3.	56. 66.	12. 65.	32. 5.	32. 5.	23. 88.	30. 518.
25.	20, 9.	26. 7.	88. 25.	103. 125.	76. 13.		47. 05.	10. 57.	27. 2.	26. 8.	18.	19. 125.
20.	16, 4.	21, 1.	77.	112. 5.	66. 49.		37. 17.	8. 46.	21. 7.	21. 1.	12.	7. 5.
15.	12, 1.	15, 7.	65. 75	121. 875	57. 13.		27. 48.	6. 35.	16. 3.	15. 6.	6.	4. 125.
10.	7, 9.	10, 4.	54. 5.	131. 25	48. 6.		17. 93.	4. 24.	10. 9.	10. 3	0.	15. 75.
9. 6.	7, 6.	10, 25.	53. 6.	132.	47. 93.	54. 3.	17. 20.	4. 07.	10. 4.	10. 2.	0. 48.	16. 68.
5.	3, 9.	5, 1.	43. 25.	140. 625.	40. 22.		8. 82.	2. 12.	5. 4.	5. 1.	6.	27. 375.
0.	0.	0.	32.	150.	31. 86.	51. 6.	0.	0.	0.	0.	12.	39.
5.	3, 8.	4, 7.	20. 75.	159. 375.	23. 87.		8. 60.	2. 12.	5. 4.	4. 9.	18.	50. 625
10.	7, 5.	9, 3.	9. 5.	168. 75.	16. 26.		17. 25.	4. 24.	10. 9.	9. 6.	24.	62. 25
15.	11, 1.	13, 9.	1. 75	178. 125.	8. 04.		25. 82.	6. 35.	16. 3.	14. 1	30.	73. 875
17.	12, 7.	15, 7.	6. 25.	181. 875.	4. 93.			7. 20.	18. 5.	15. 9.	32. 4	78. 525
20.	14, 5.	18, 4.	13.	187. 5.				8. 46.	21. 7.	18. 4.	36.	85. 5.
25.	17, 8.	22, 8.	24. 25.	196. 875				10. 57.	27. 2.	22. 5.	42.	97. 125.
30.	21.	27, 1.	35. 5.	206. 25.				12. 69.	32. 6.	26. 4	48.	108. 75.
35.	24, 1.	31, 3.	46. 75.	215. 625.				14. 81.	38.	30. 1.	54.	120. 625
40.	27, 1	35, 4.	58.	225.				16. 93.	43. 5.	33. 6.	60.	132.
45.	30.	39, 4.	69. 25.	234. 375				19. 04.	48. 9.	36. 9.	66.	143. 625
50.	32, 8.	43, 3.	80. 5.	243. 75.				21. 16.	54. 3.	40.	72.	155. 25.
55.	35, 5.	47, 1.	91. 75.	253. 125.				23. 28.	59. 8.	42. 9.	78.	166. 875.
60.	38, 1.	50, 8.	103.	262. 5.				25. 39.	65. 2.	45. 6.	84.	178. 5.

Benard Direxit.

Physique.

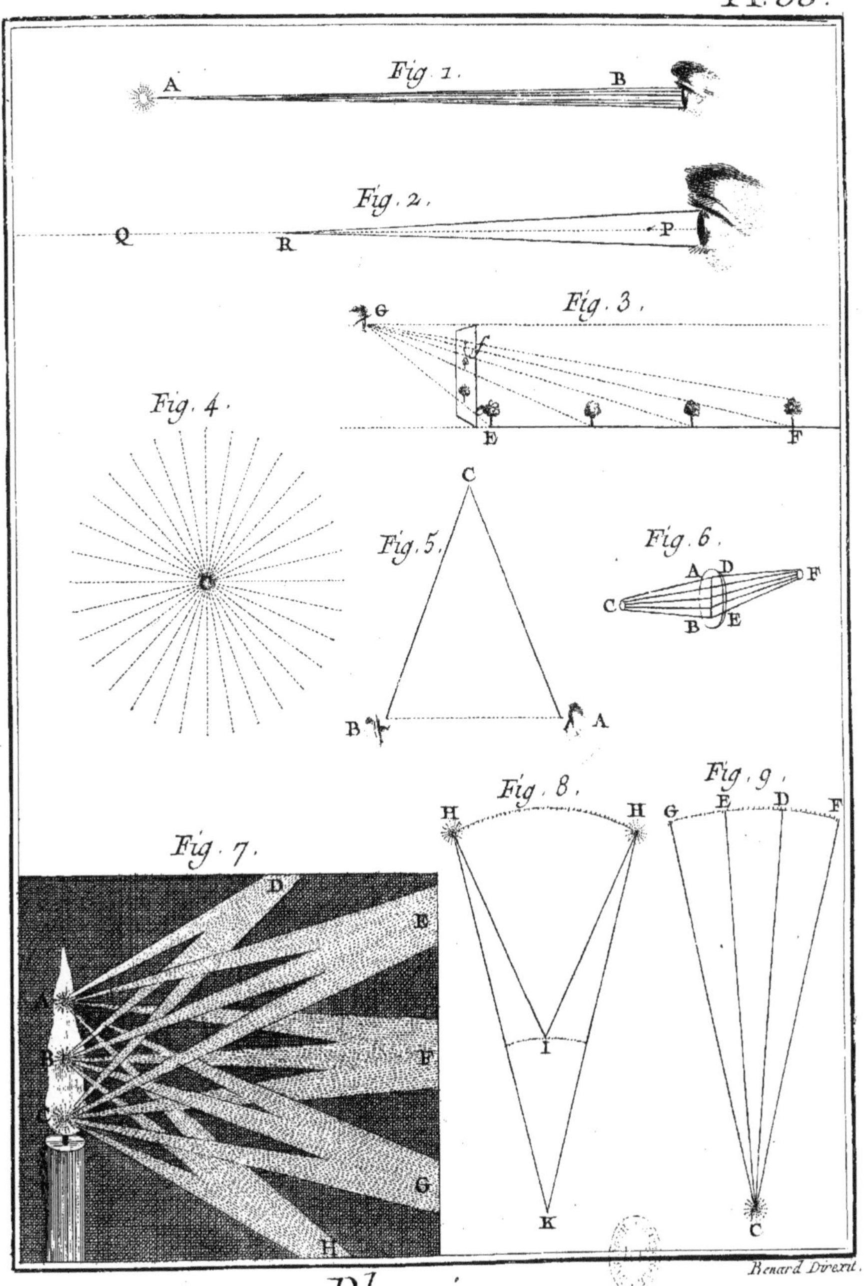

Benard Direxit.

Physique

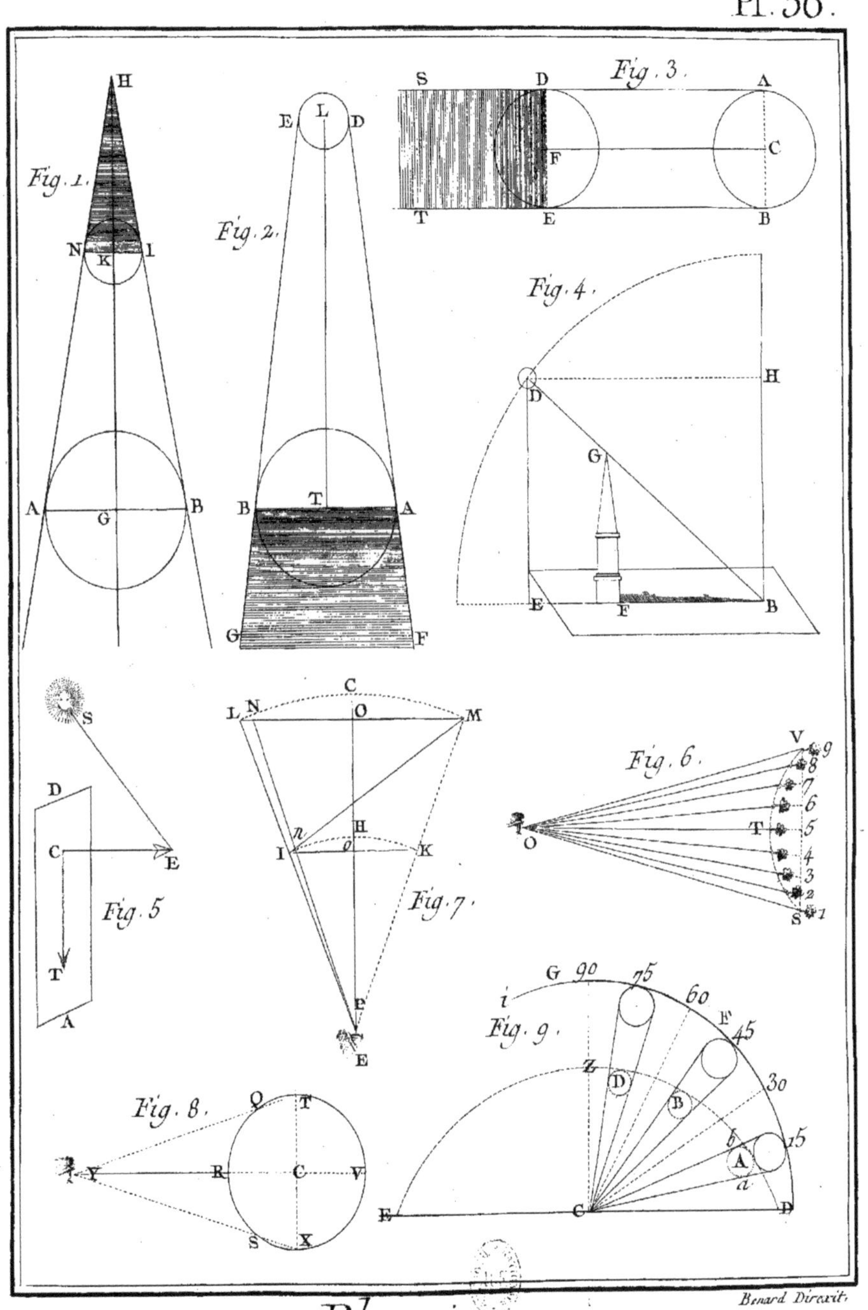

Benard Direxit.

Physique.

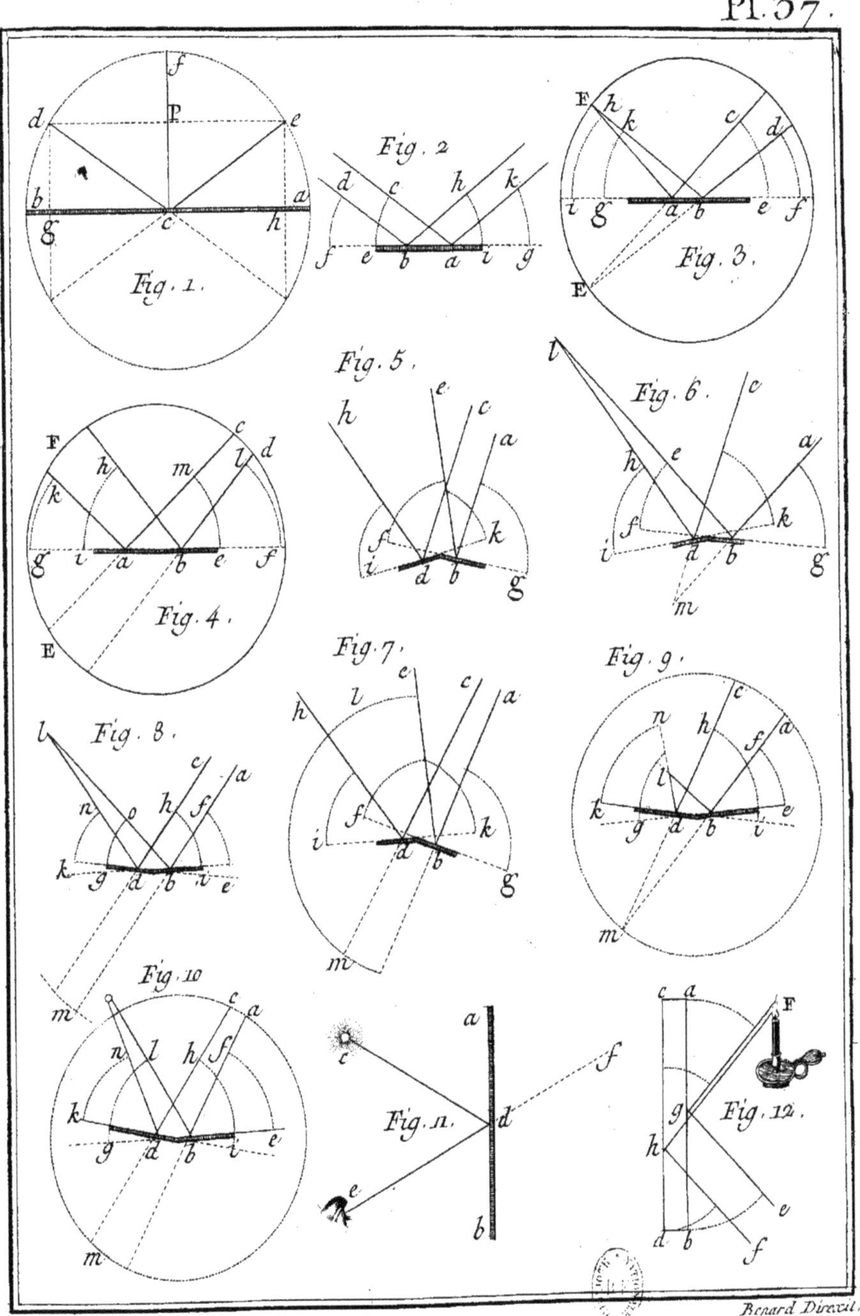

Benard Direxit.

Physique.

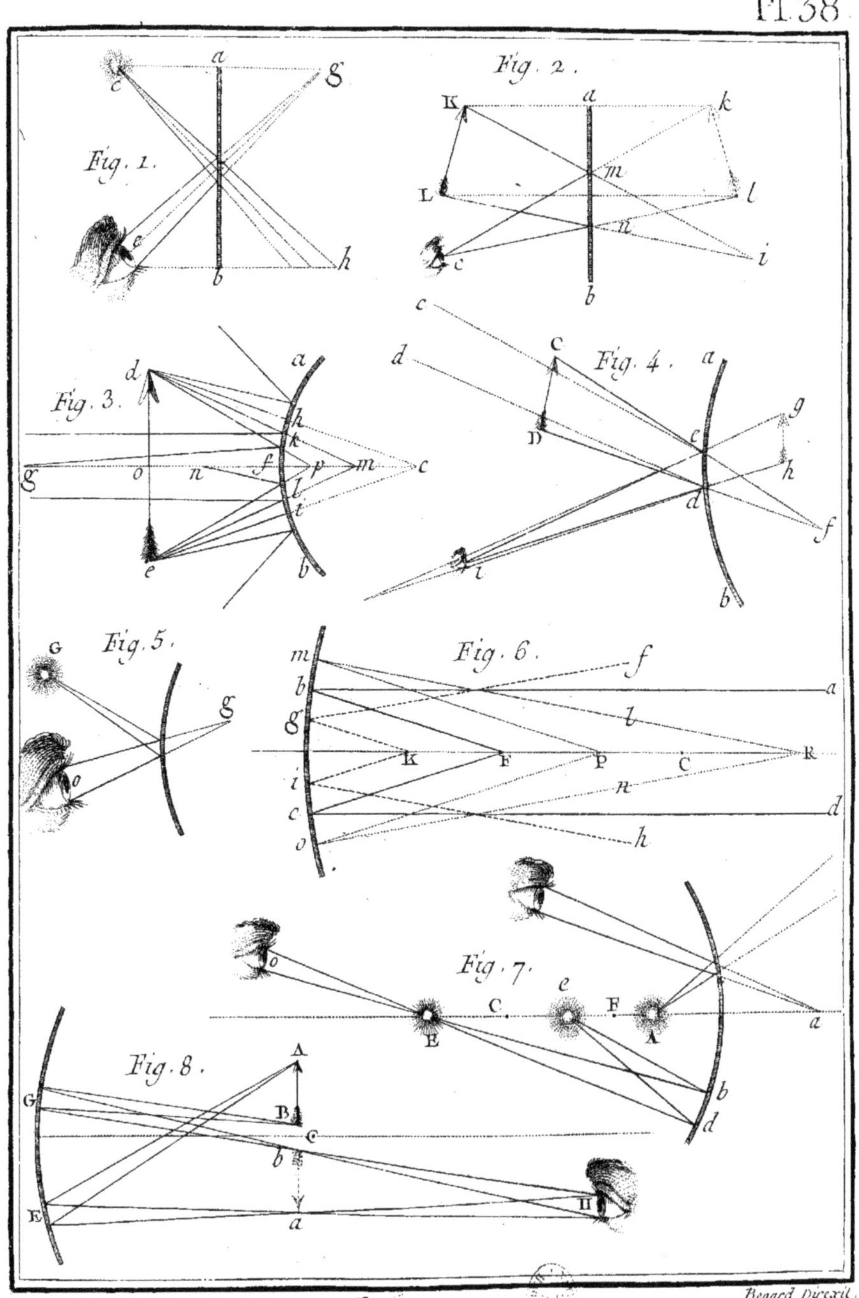

Benard Direxit.

Physique

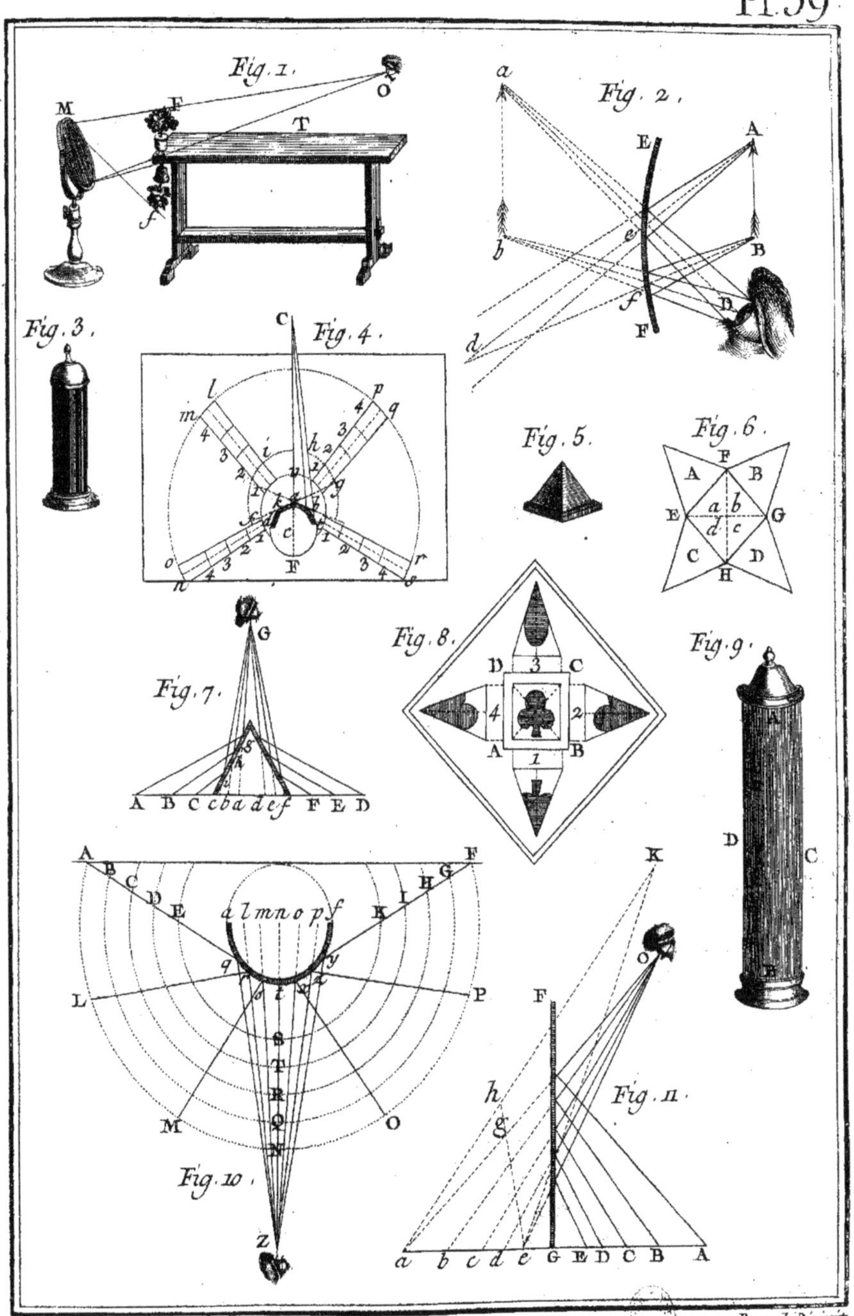

Benard Direxit.

Physique.

Fig. 1.

Fig. 10.

Fig. 2.

Fig. 9.

Fig. 3.

Fig. 8.

Fig. 4.

Benard Direxit.

Physique.

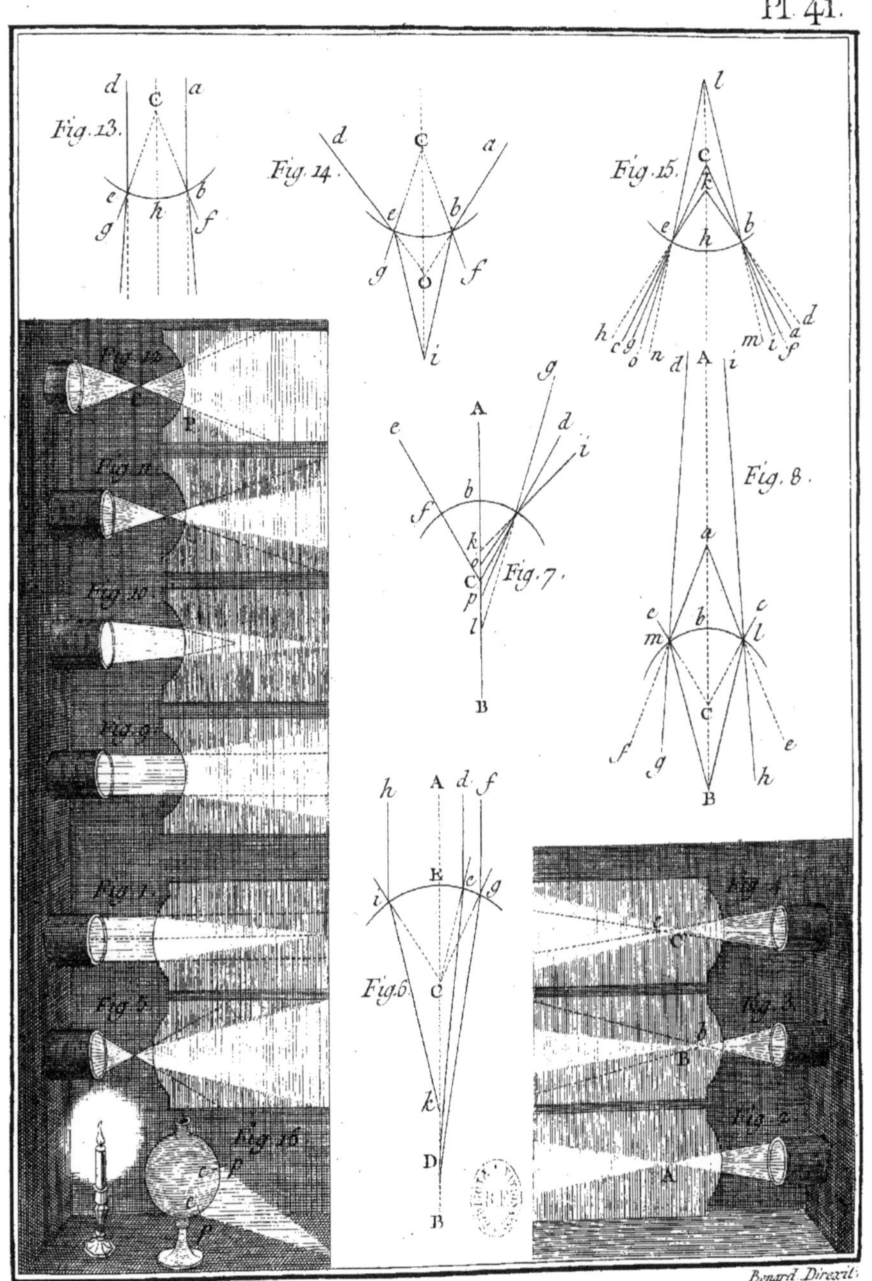

Benard Direxit.

Physique.

Fig. 1.

Fig. 2

Fig. 3.

Fig. 4

Fig. 5.

Fig. 6.

Fig. 7.

Fig. 8.

Fig. 9.

Fig. 10.

Fig. 11.

Benard Direxit.

Physique.

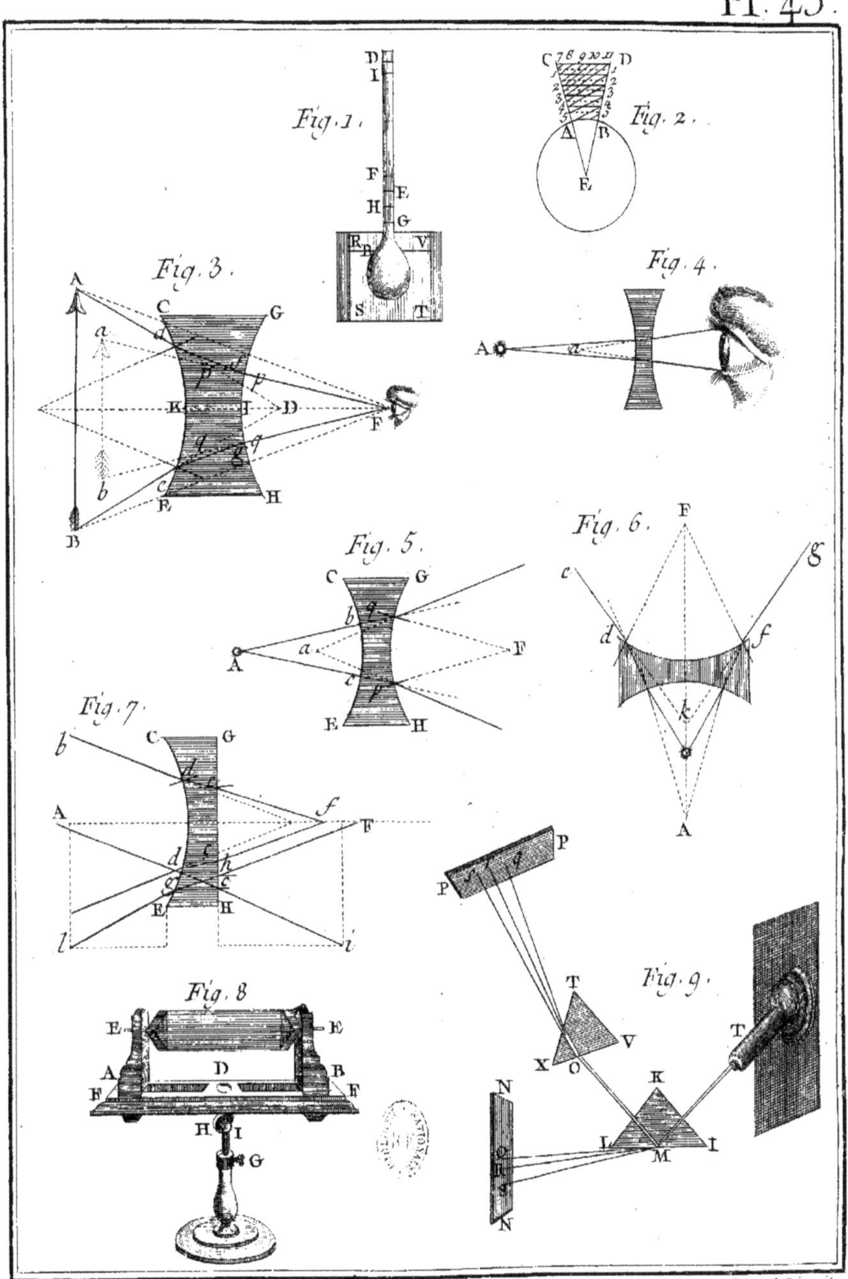

Benard Direxit.

Physique.

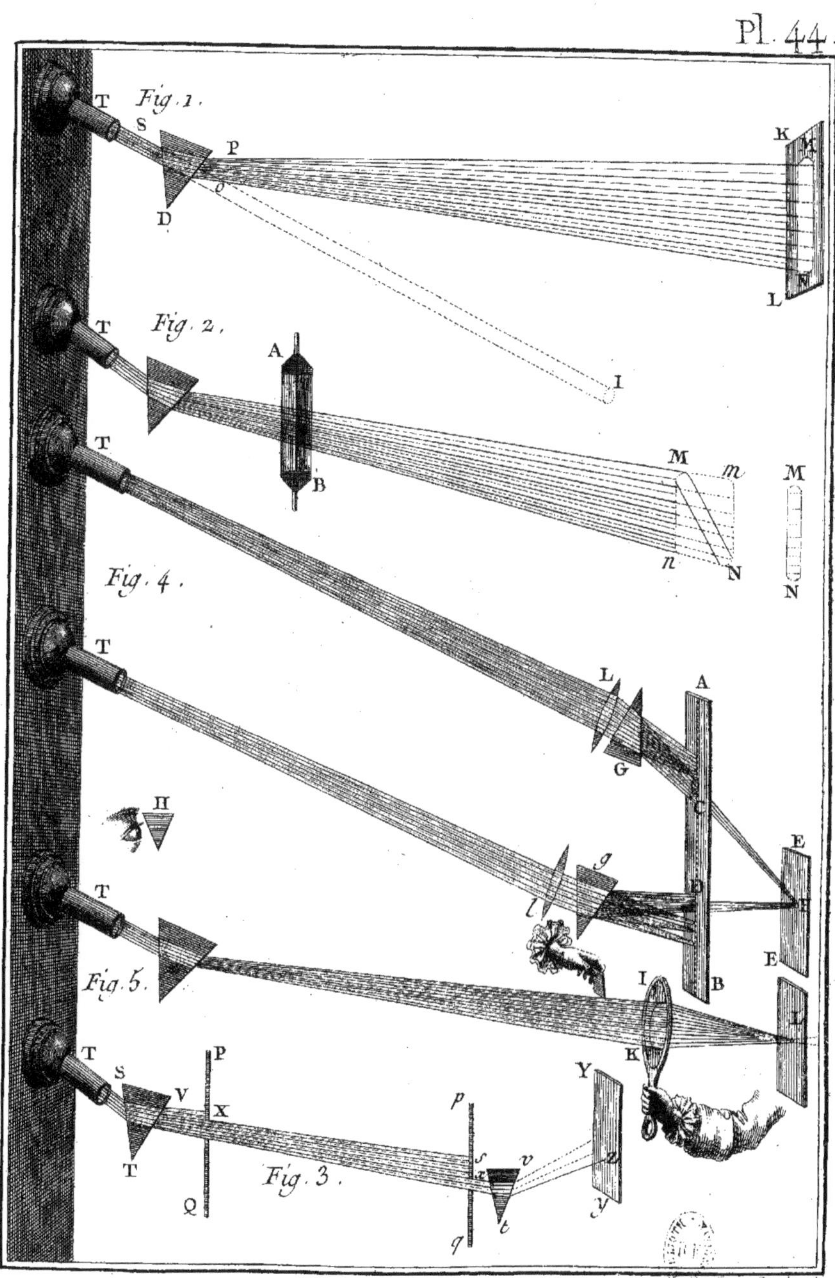

Benard Direxit.

Physique.

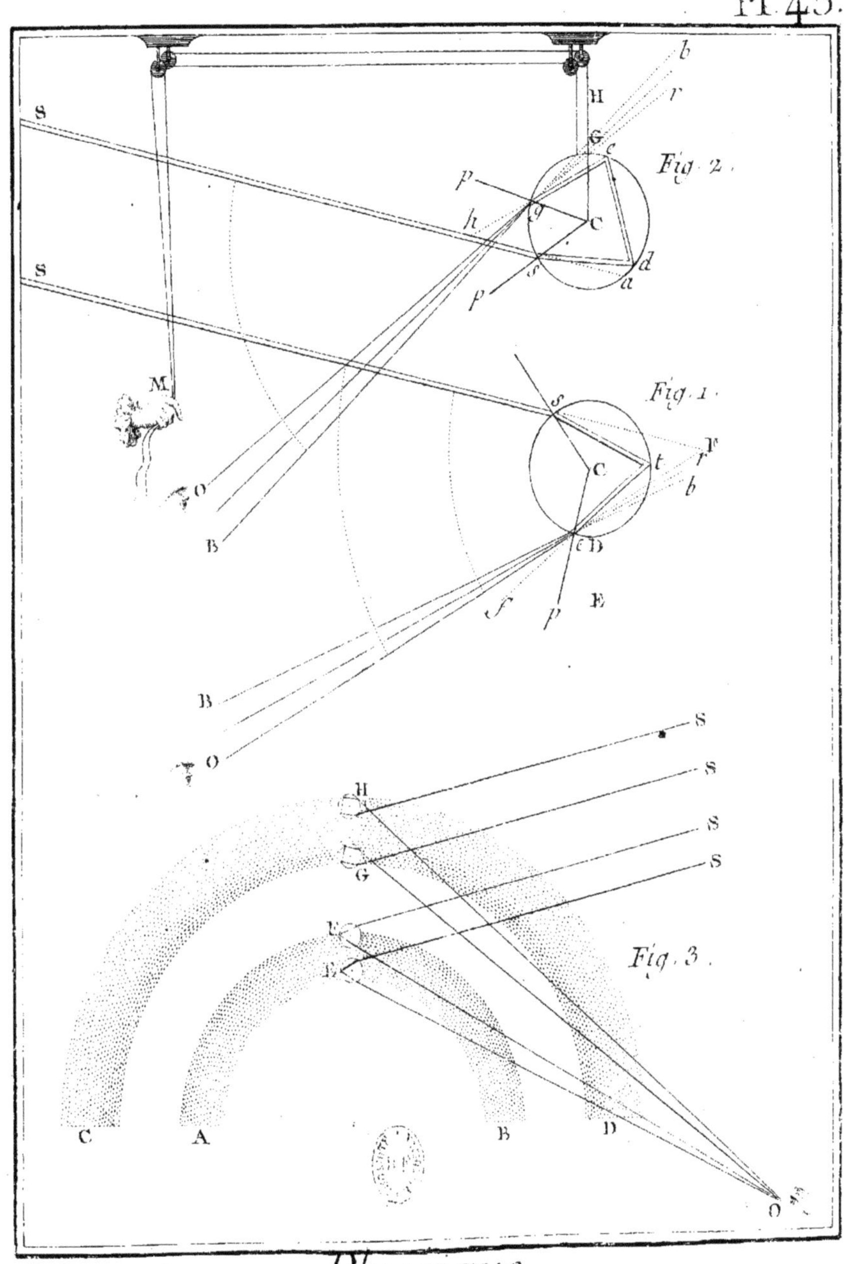

Physique.

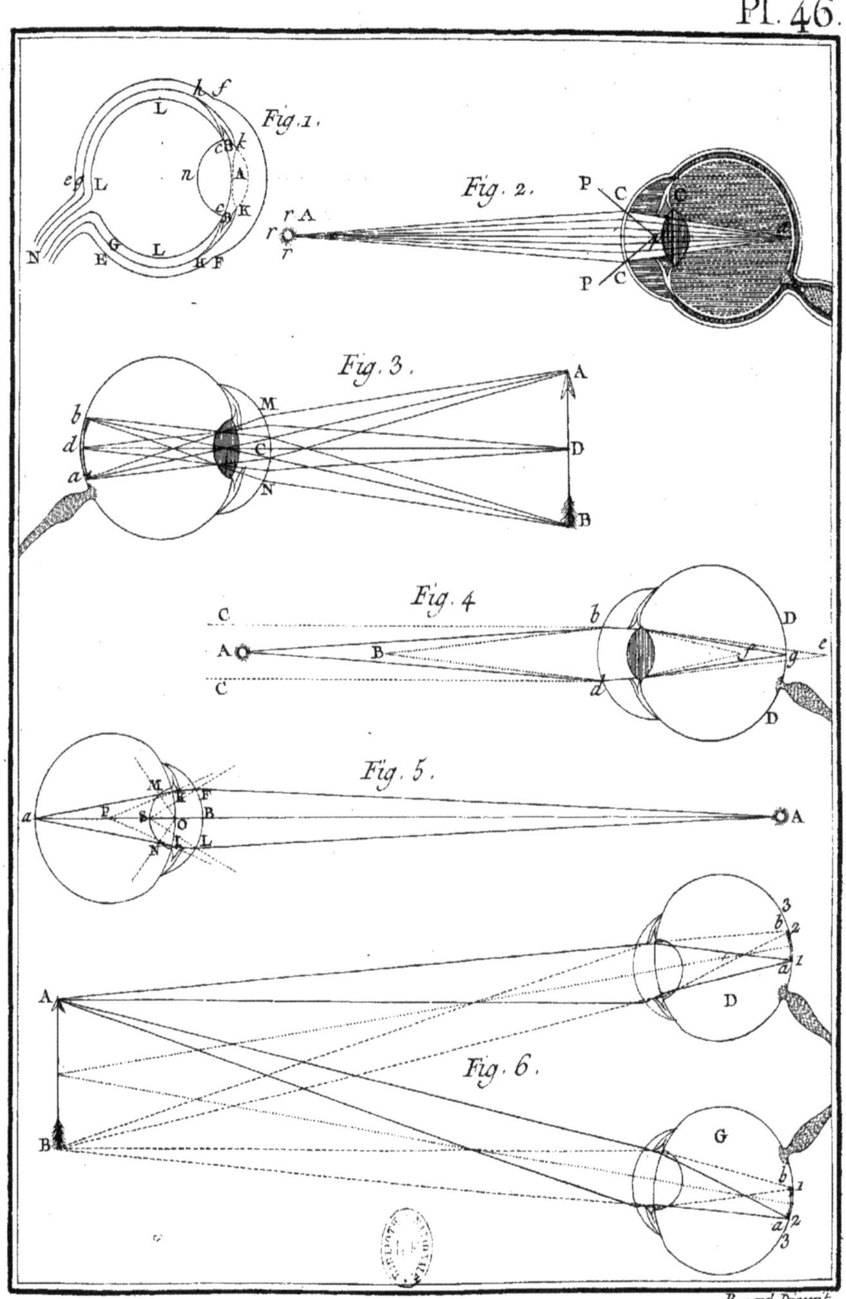

Benard Direxit.

Physique.

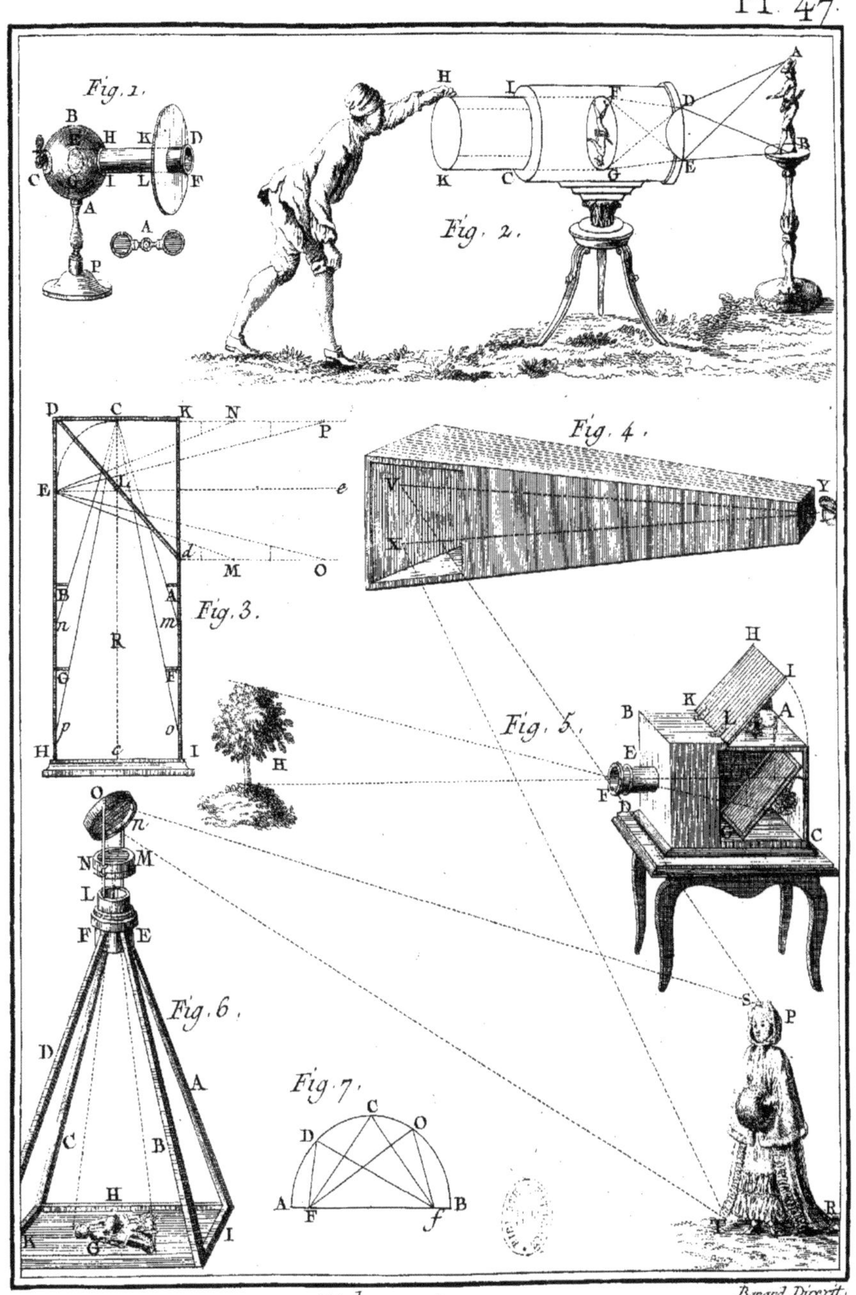

Benard Direxit.

Physique.

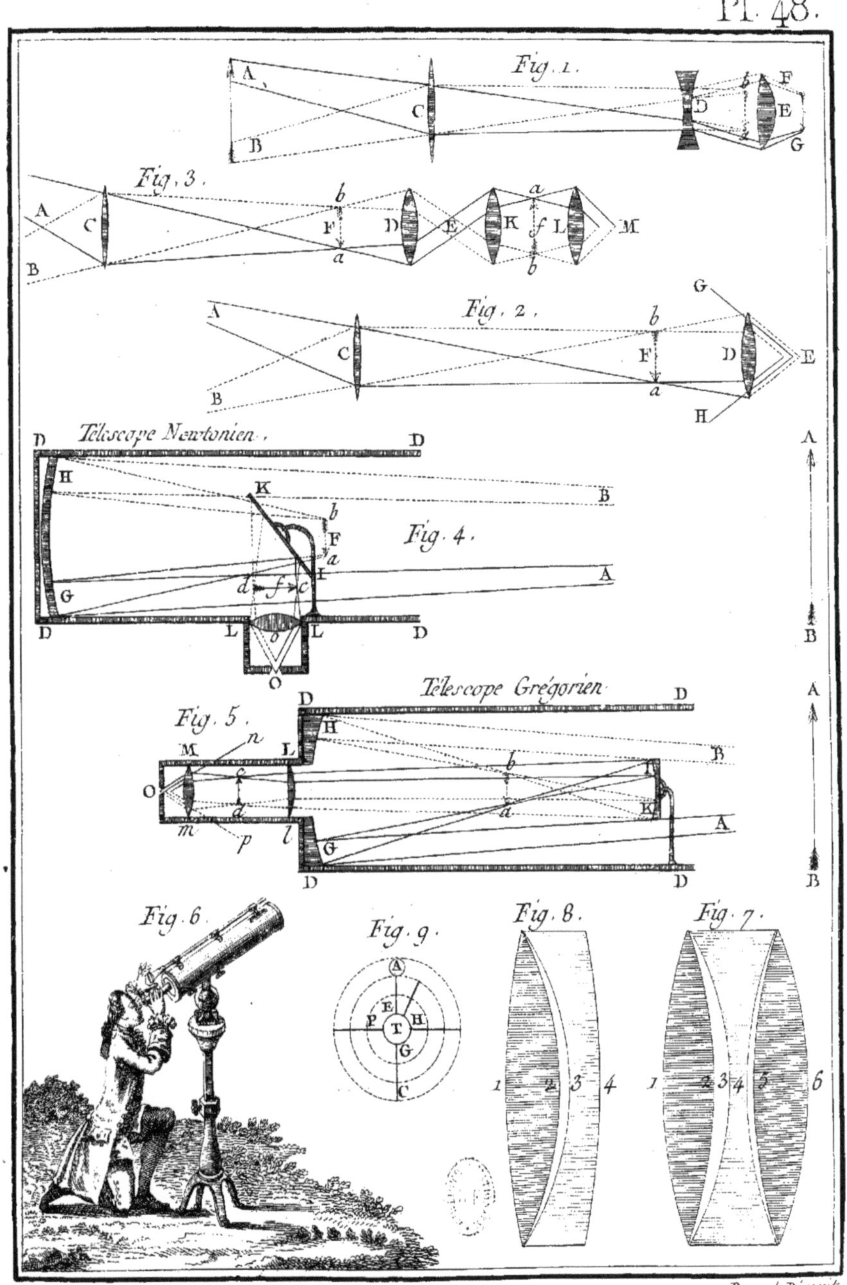

Benard Direxit

Physique.

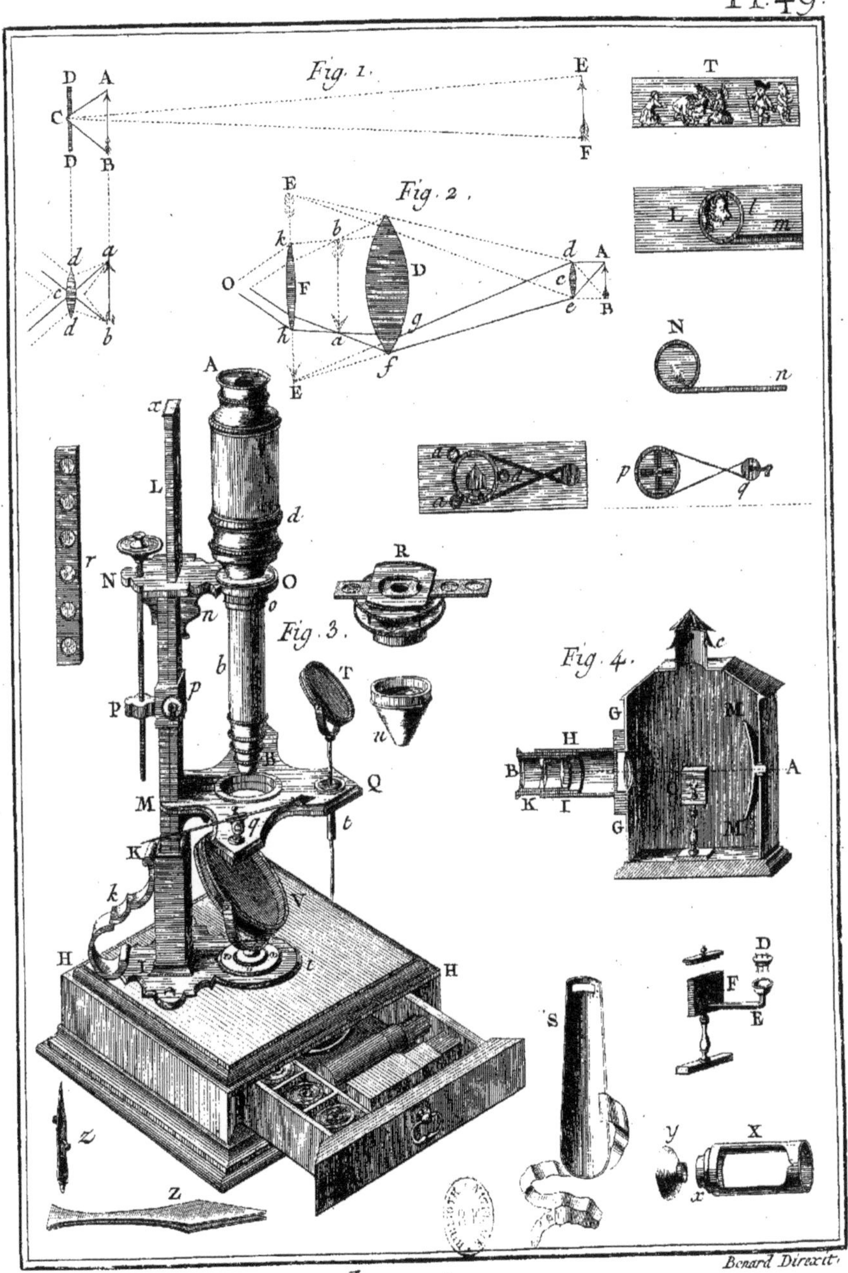

Benard Direxit.

Physique.

Fig. 1.
K
L
H
h
G
M
m
g
E
e
D
d
A
B
C
Fig. 2.
I
K
E
D
C
H
G
A
B
F
Fig. 3.
Fig. 4.
Benard Direxit.

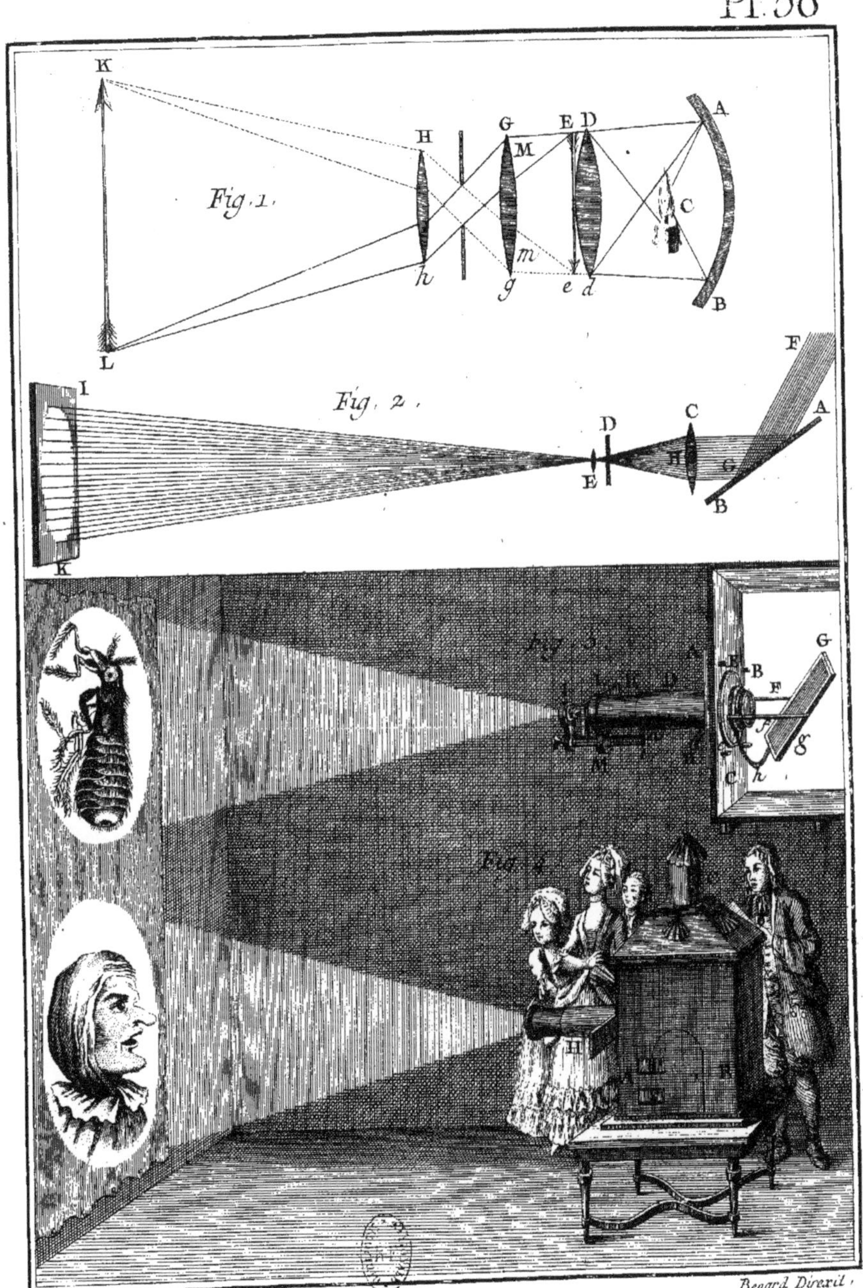

Physique.

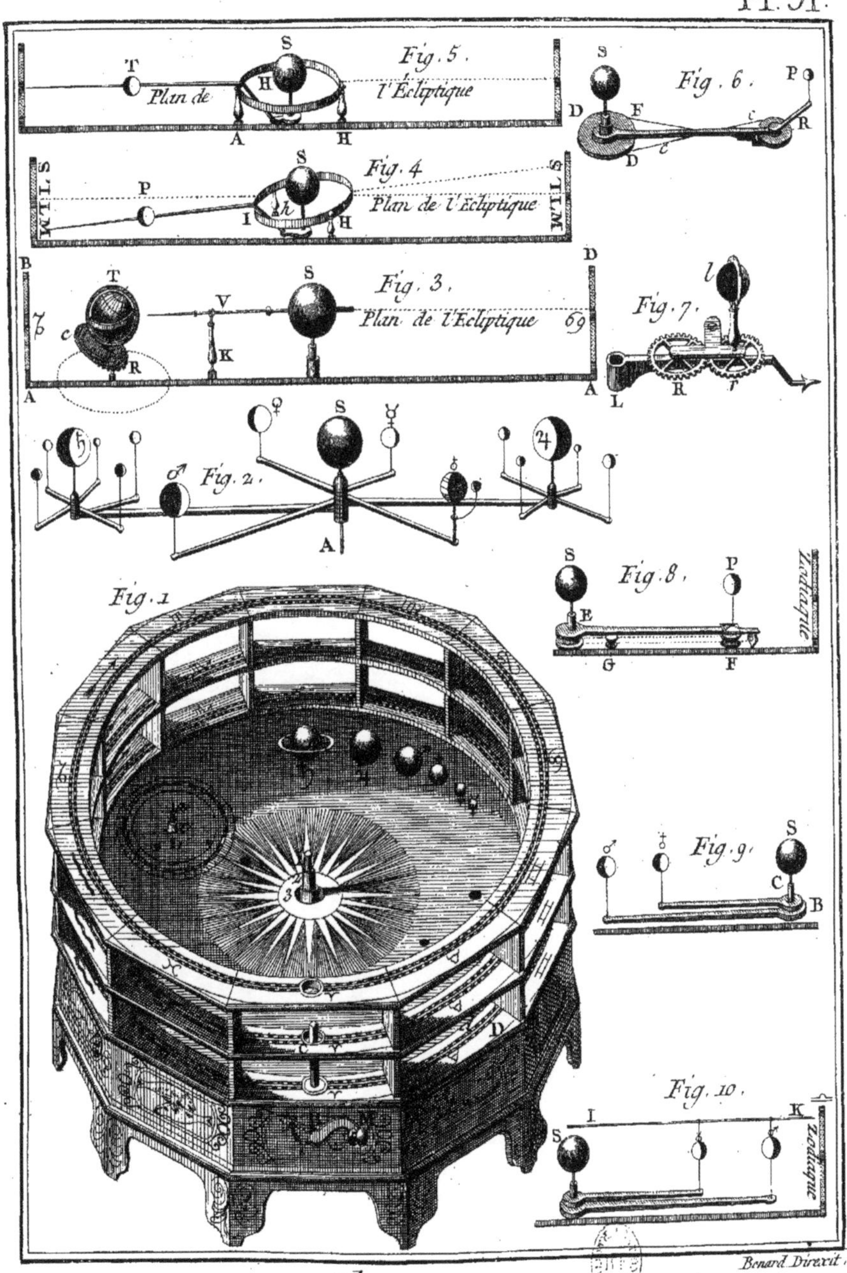

Benard Direxit.

Physique.

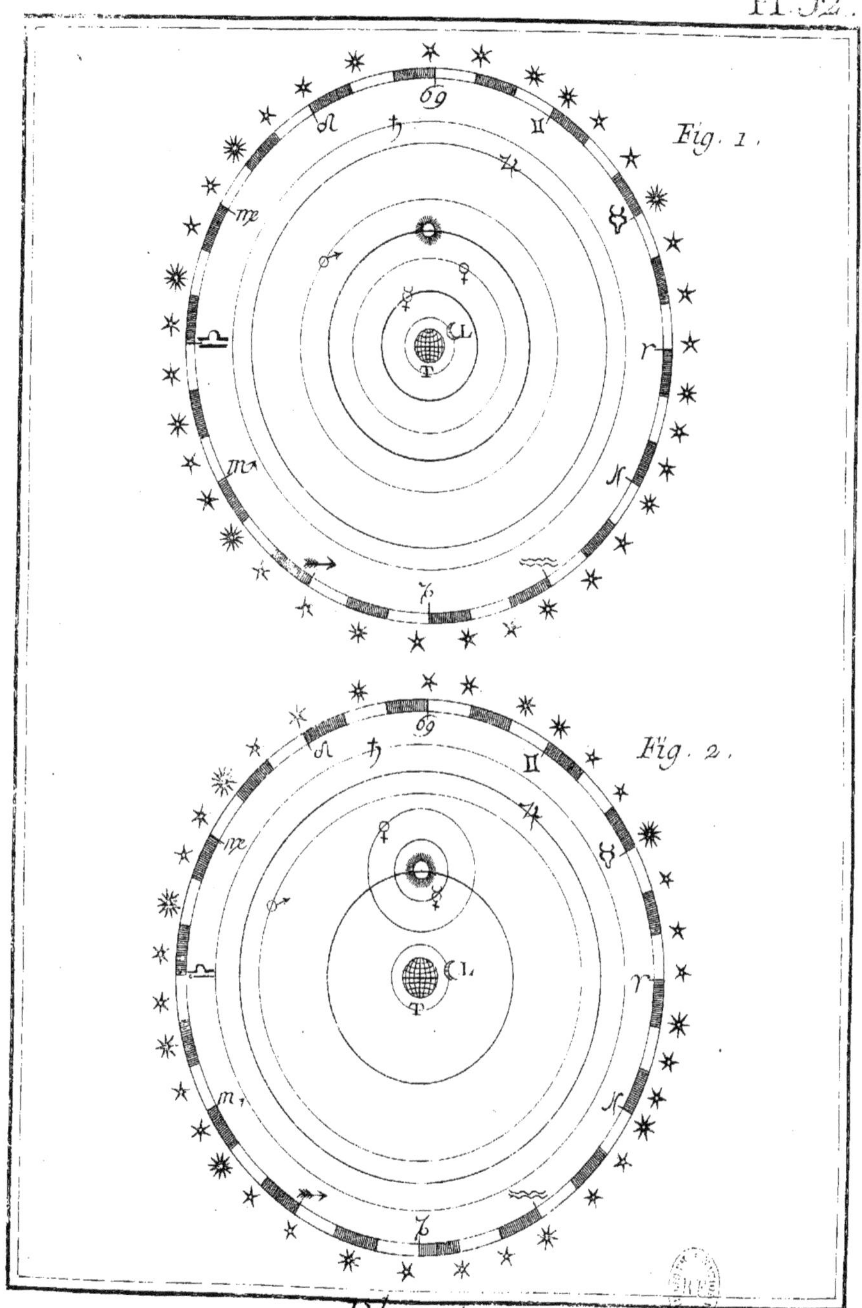
Fig. 1.
Fig. 2.

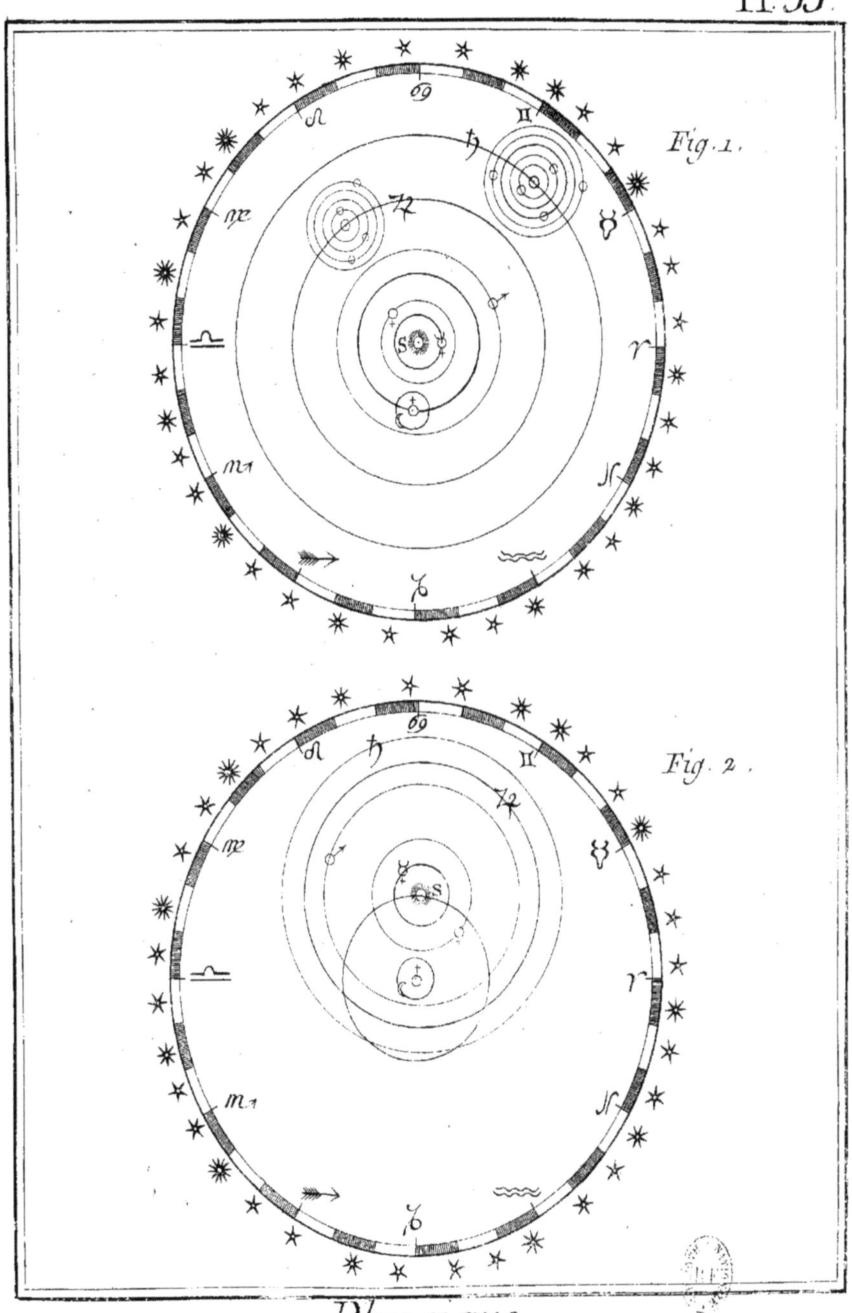

Physique.

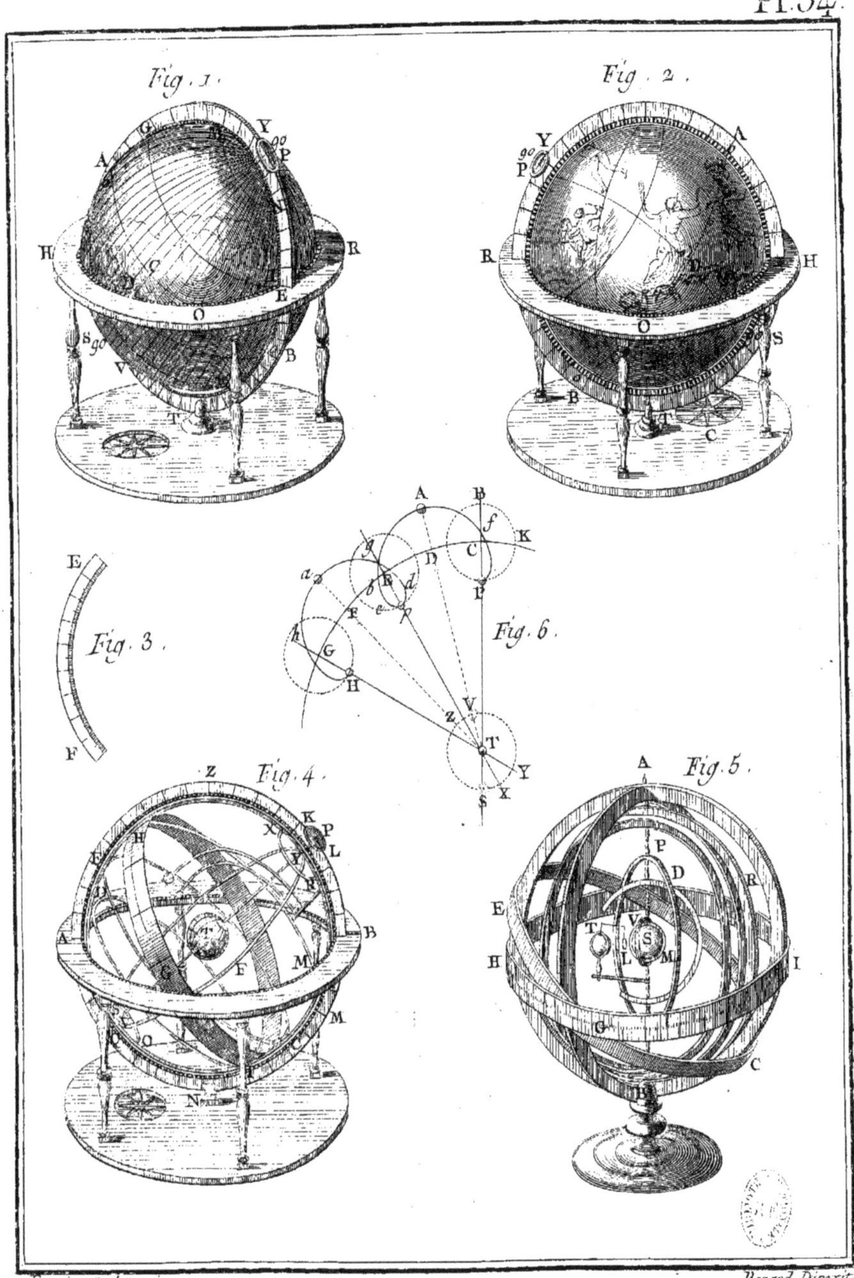

Fossier Del. Benard Direxit.

Physique.

Fig. 1.
A E G P I D B C L M K F
Fig. 4.
P I D b B C L M K F A a E G T
Fig. 2.
e Y Z G P I O d D B C c V N L M K H f F A E T S s R r
Fig. 3.
K Z F A E O G P I N D B C H L M T S R
Fig. 5.
G P E I C H F K A S L T N R D M O V B

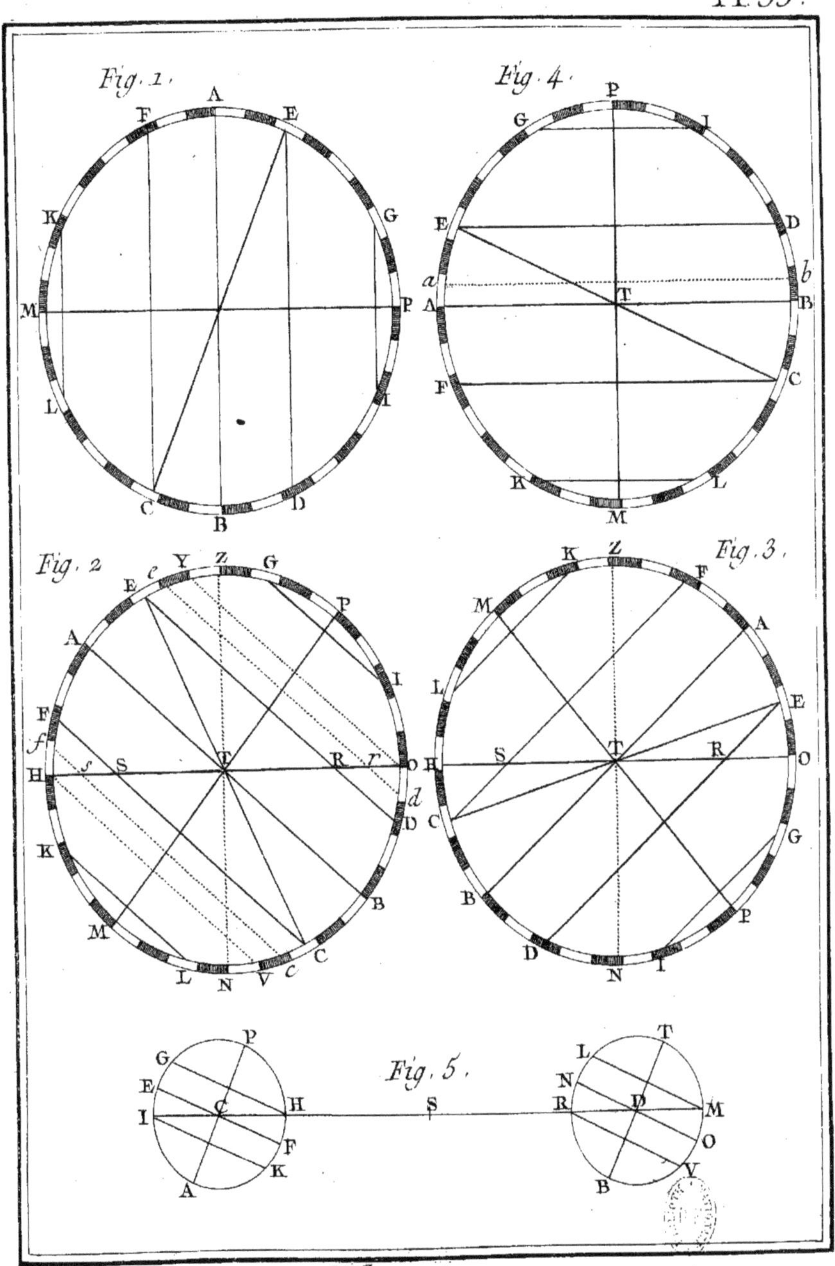

Physique.

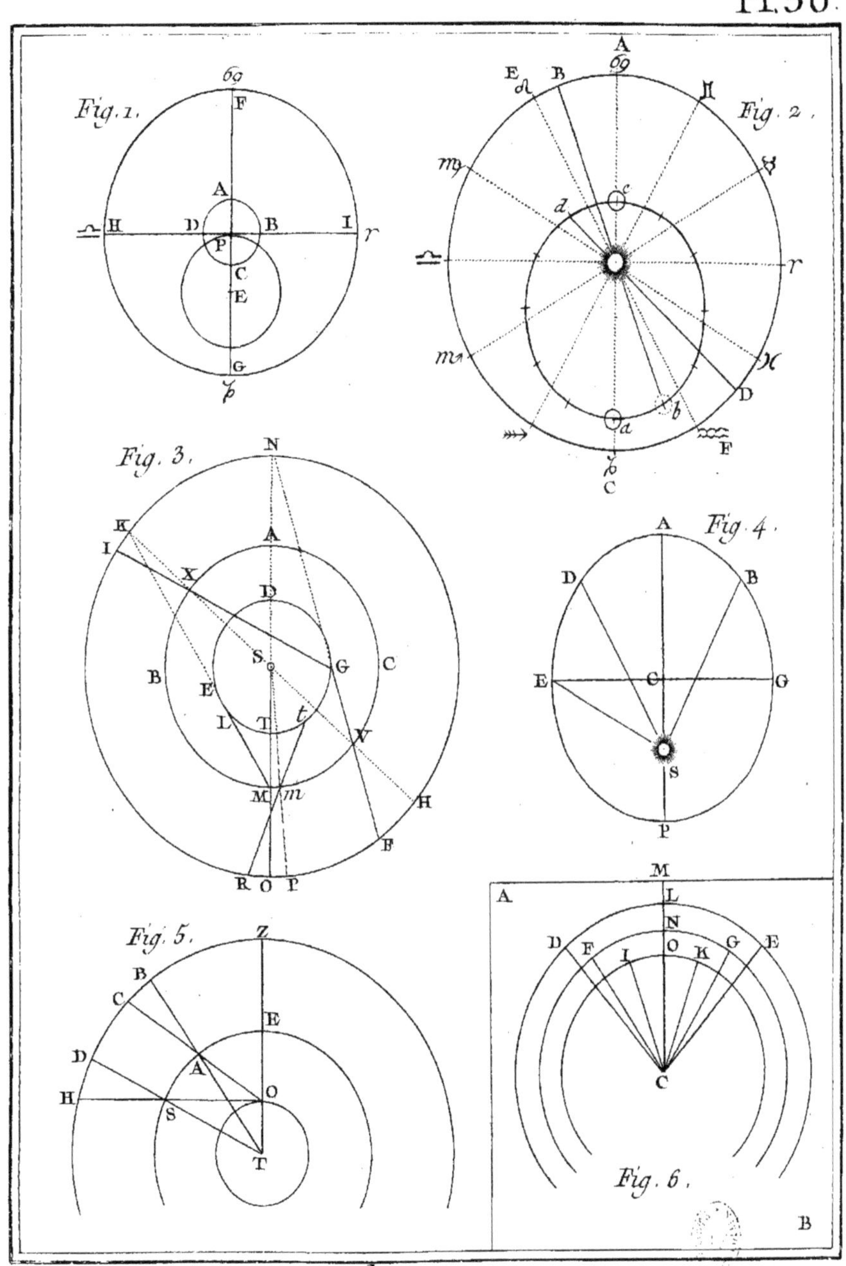
Fig. 1.
F
A
H
D
B
I
P
C
E
G
Fig. 2.
A
E
B
c
d
a
b
D
F
C
Fig. 3.
N
K
I
A
X
D
S.
G
B
C
E
T
t
L
V
M
m
H
F
R
O
P
Fig. 4.
A
D
B
E
C
G
S
P
Fig. 5.
Z
B
C
E
D
A
H
O
S
T
M
A
L
N
D
F
I
O
K
G
E
C
Fig. 6.
B

Fig. 1.
D
S
A
F
H
C
15
30
E
45
I
B
60
75
90
G
Fig. 2.
O
C
N
E
R
L
Fig. 3.
b
a
h
h
H
T
H
Fig. 4.
A
B
C
D
Fig. 5.
A
B
D
C
S
P

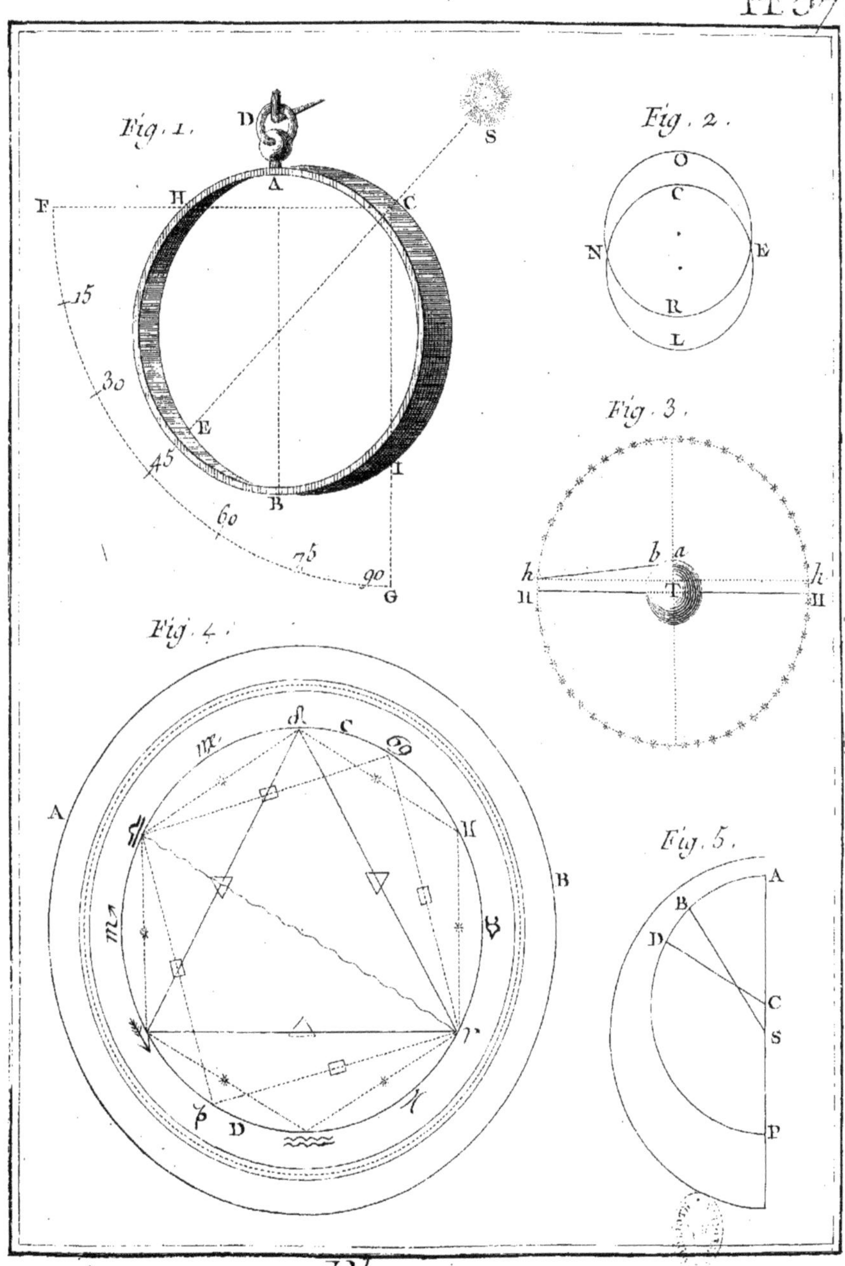

Physique.

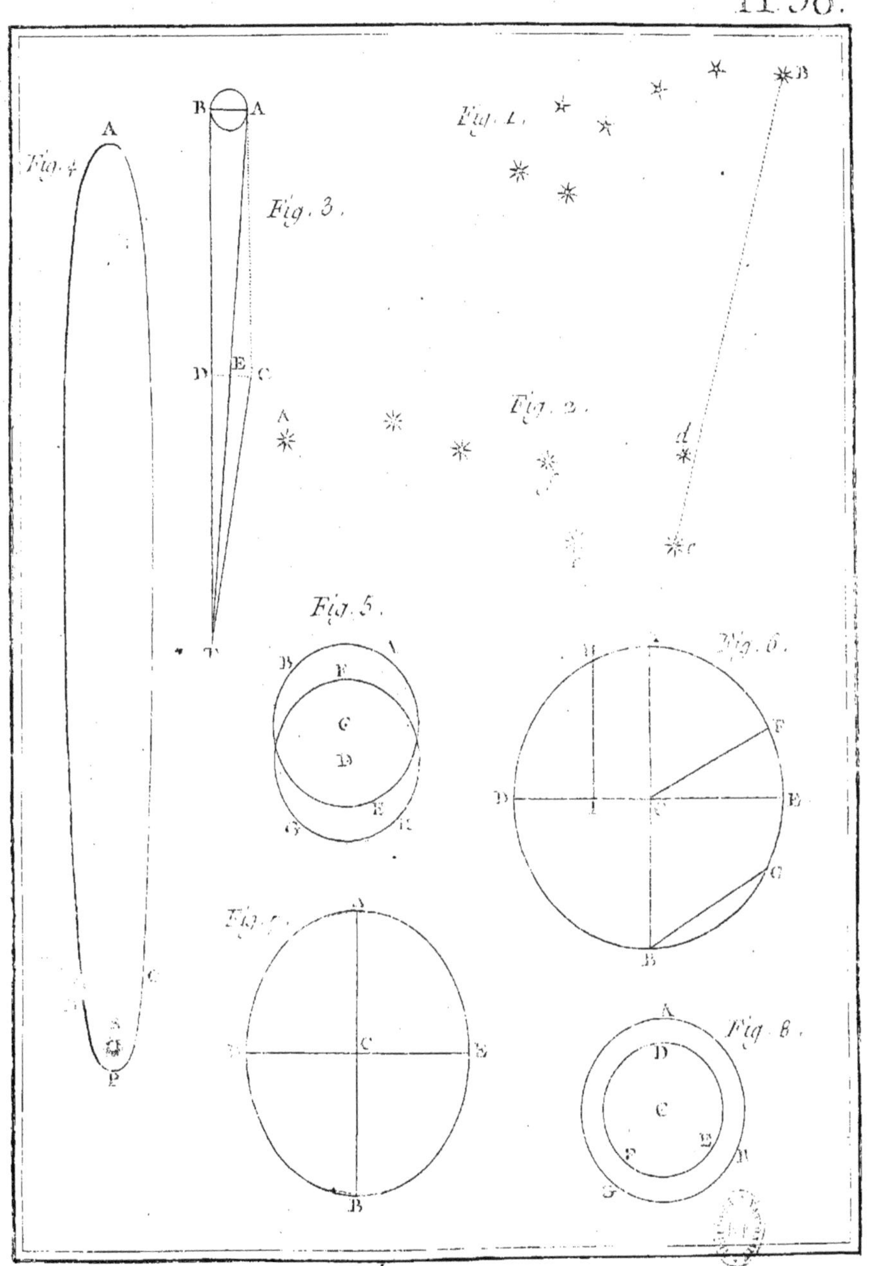

Physique.

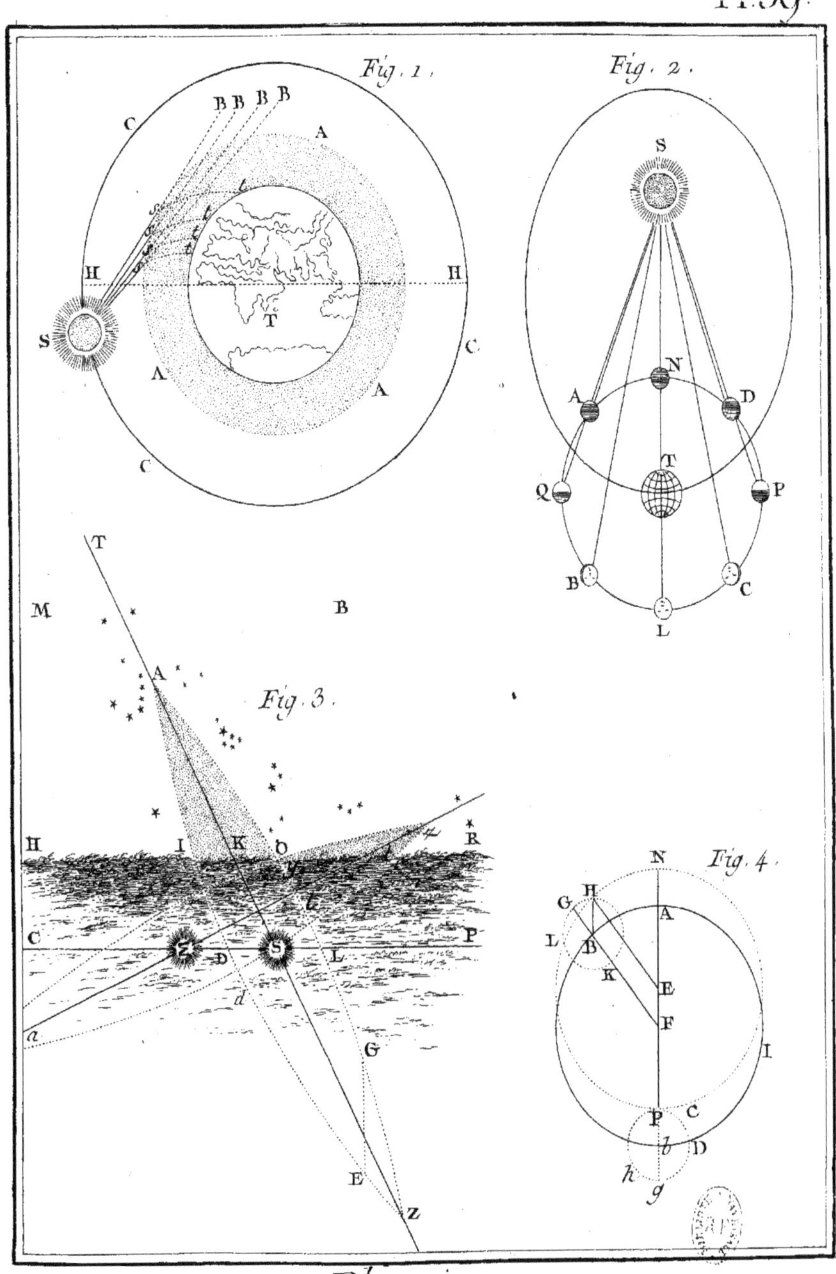

Physique.

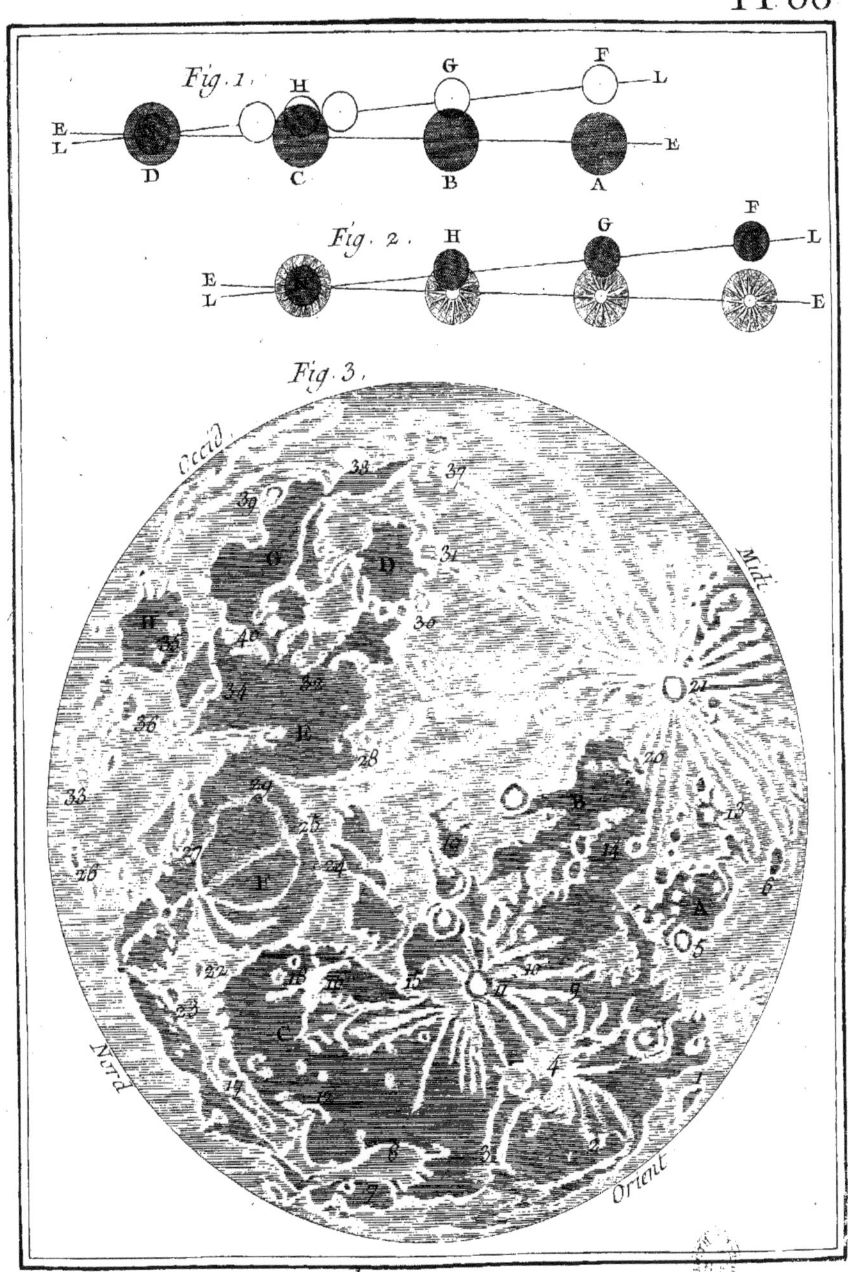

Physique.

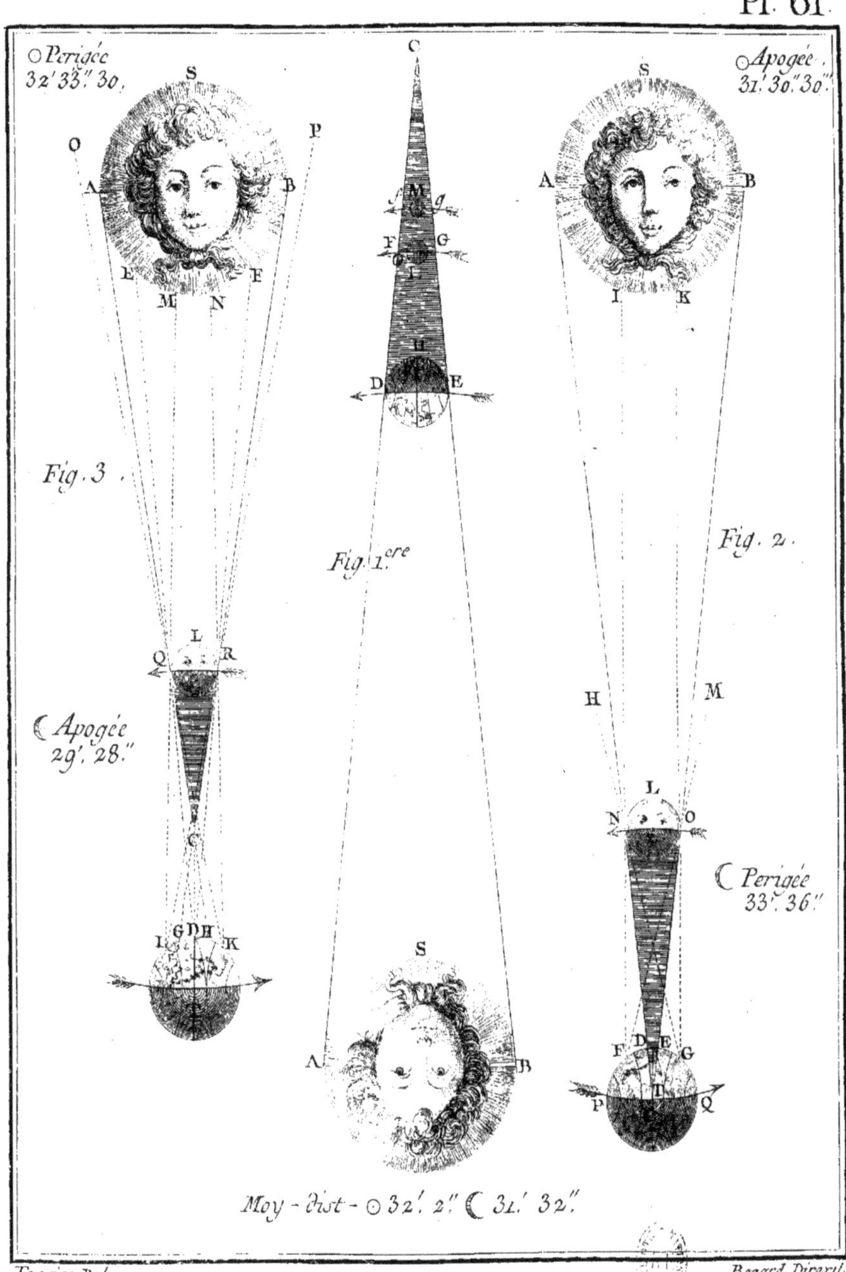

Fossier Del.

Benard Direxit.

Physique.

Fig. 1.
A
B
n
a
a
n s
Fig. 4.
S
A
A
N
Fig. 3.
E
S
n
s
N
F
Fig. 2.
A
S
N
D
D
S
N
B
Fig. 5.
B
B
B
B
B
B
B
Fig. 6.
S
N
C
B
C
N
S
Fig. 7.
D
F
E
C
A
B
Fig. 8.
C
N
S
C
n
S
D
N
S
D
s
N
Fig. 9.
S
N

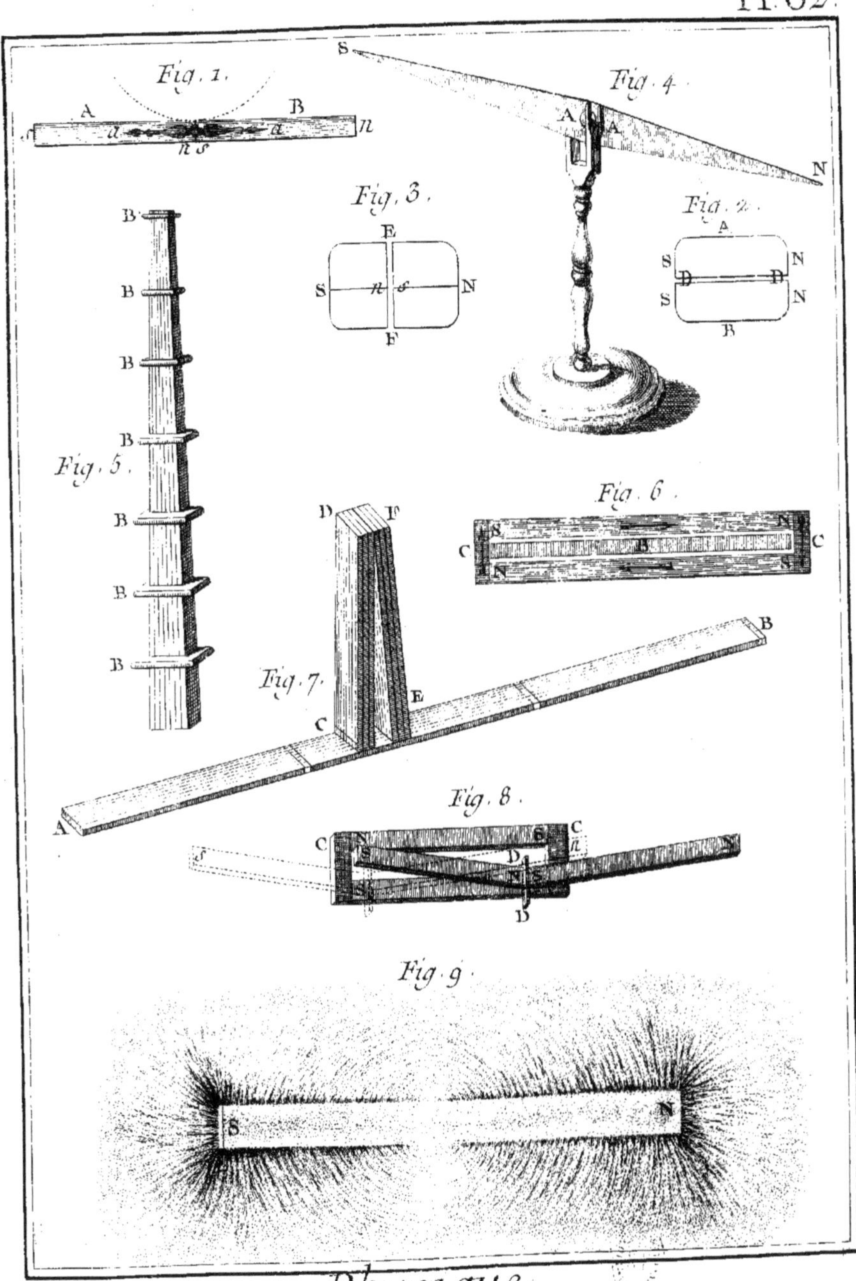

Physique.

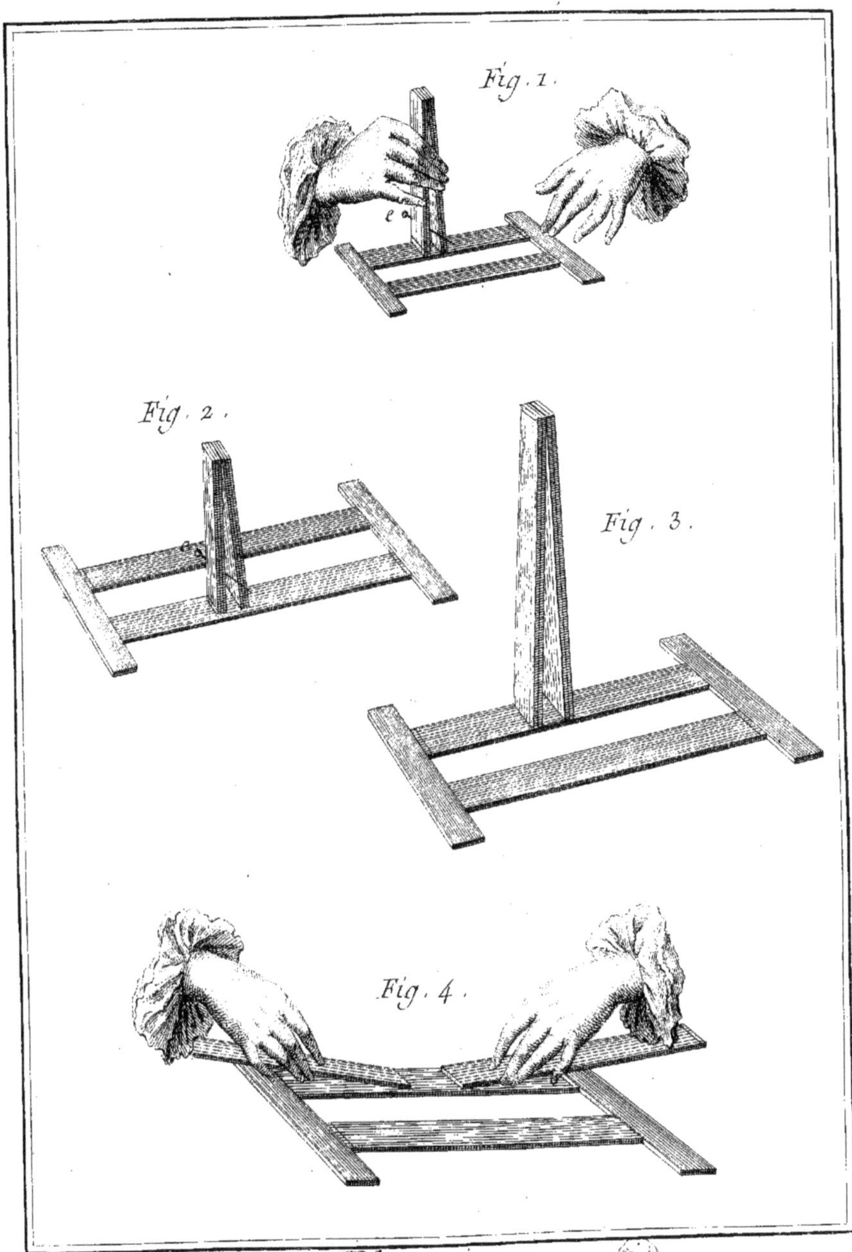

Physique.

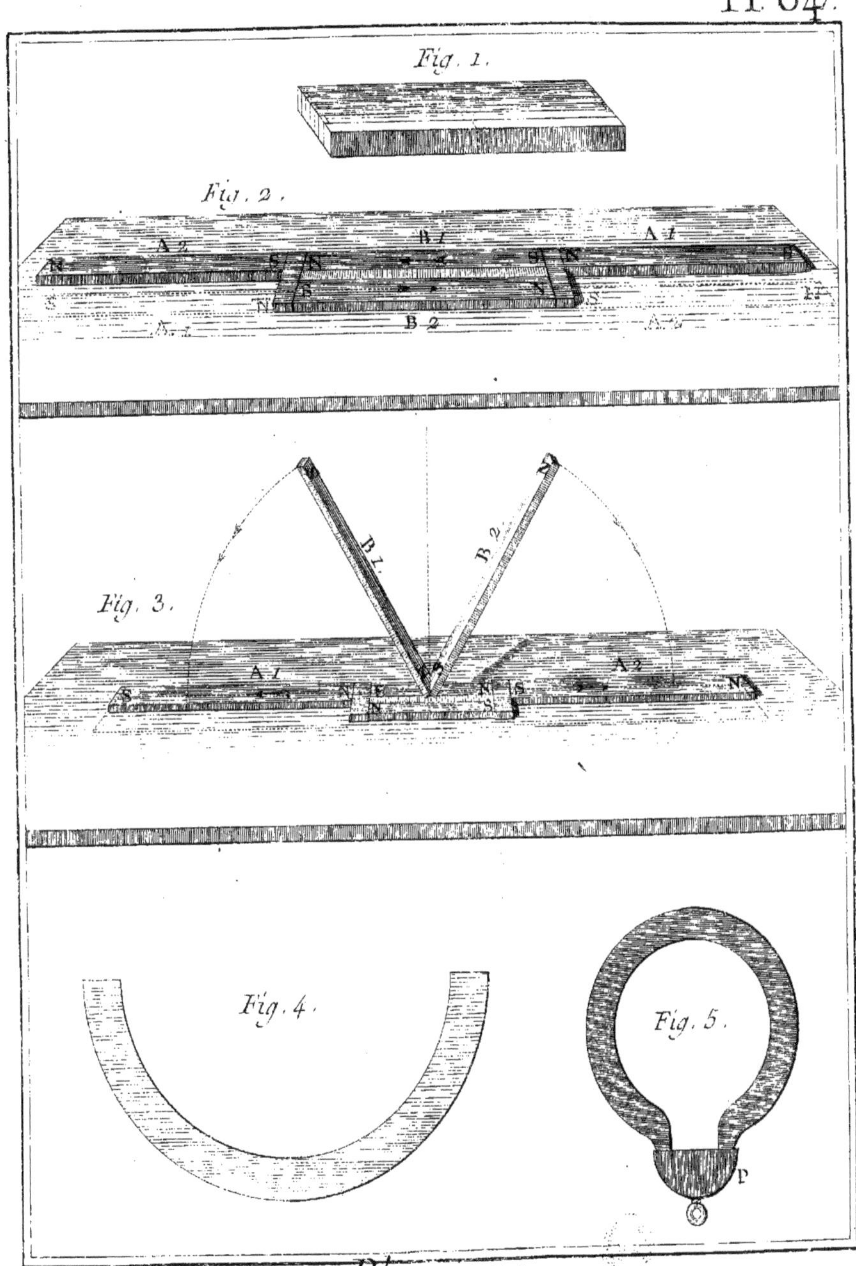

Physique.

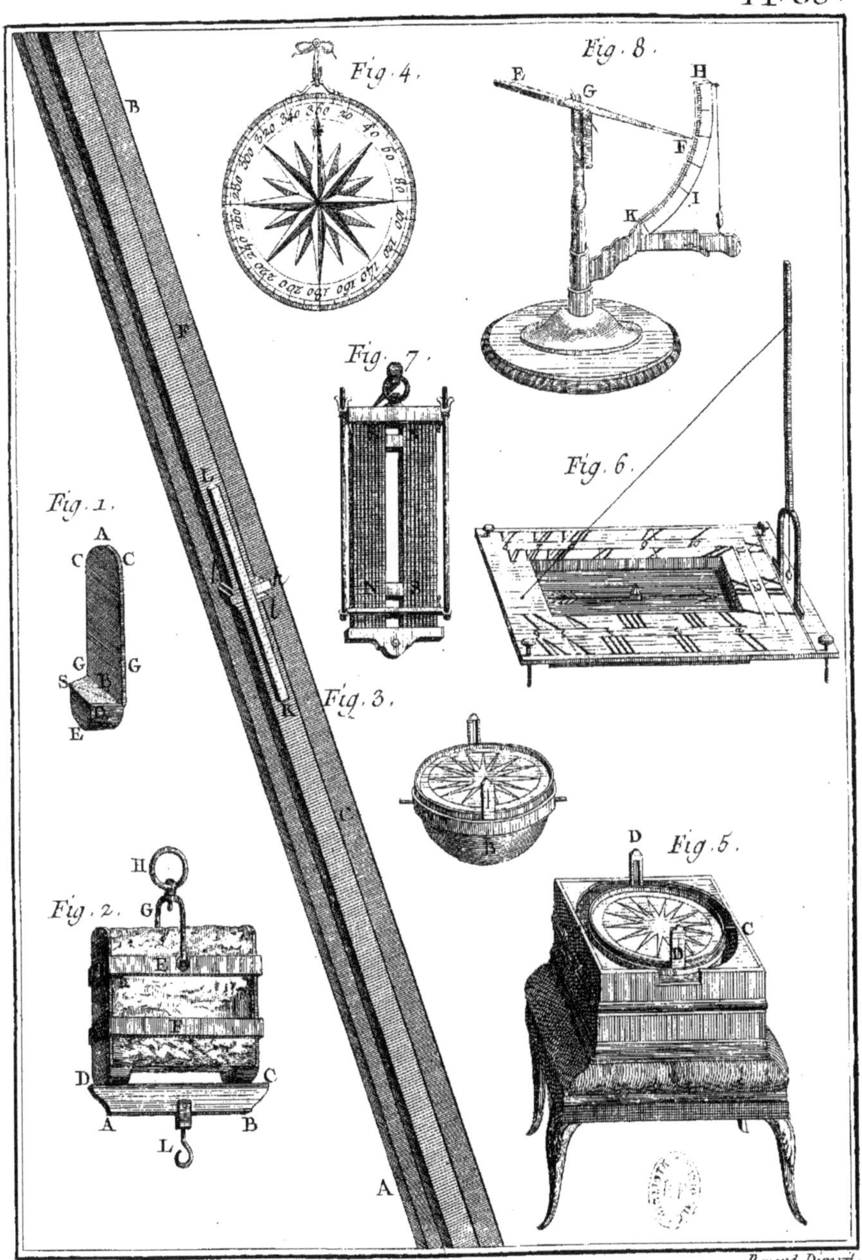

Benard Direxit.

Physique.

Fig. 6.
E F G F E A C t D
Fig. 5.
g f m n R r X S
Fig. 3.
p q t V T P Q
Fig. 2.
M N O E e
Fig. 1.
h i 1 2 3 K L D C c Y Z E a b A B F G
Fig. 4.
l k
Echelle de six Pieds
6 5 4 3 2 1

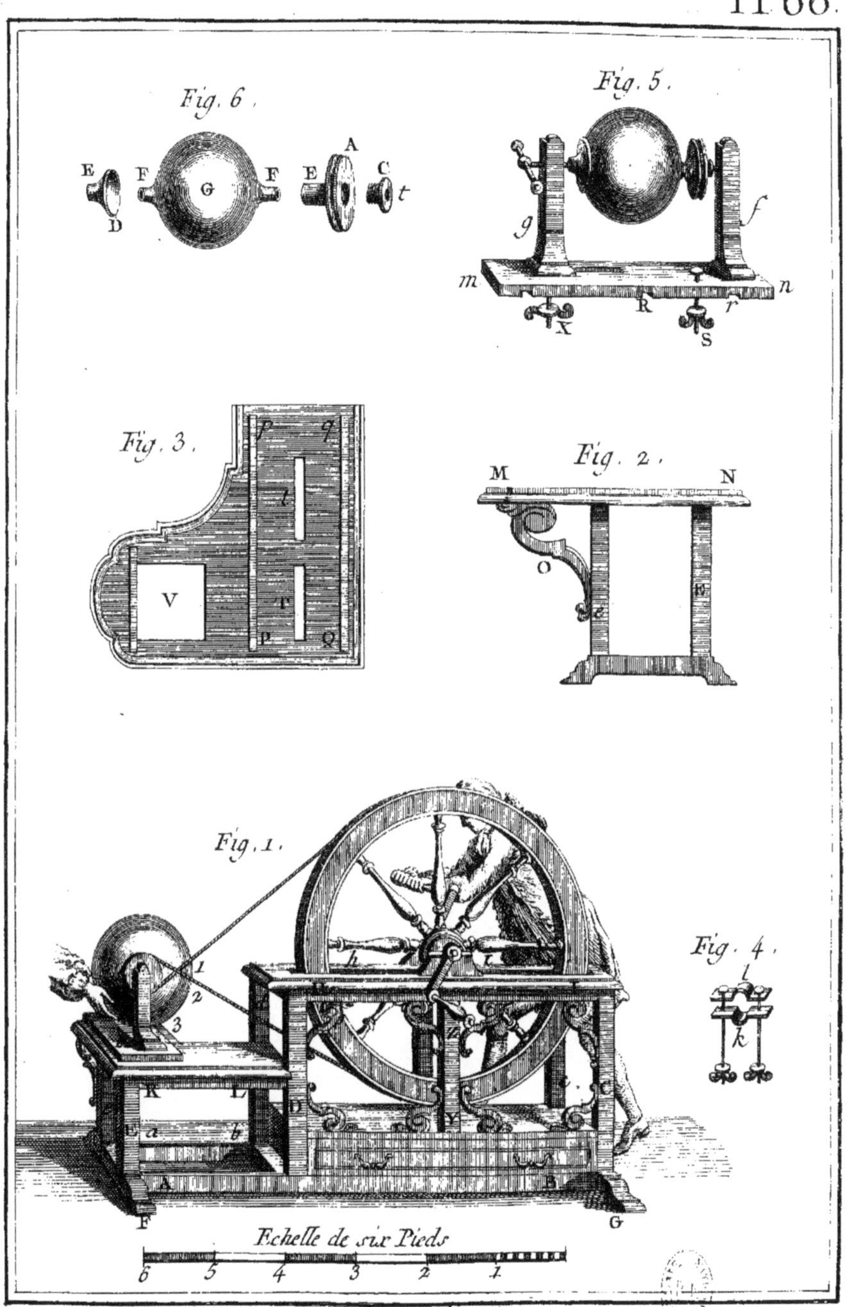

Physique.

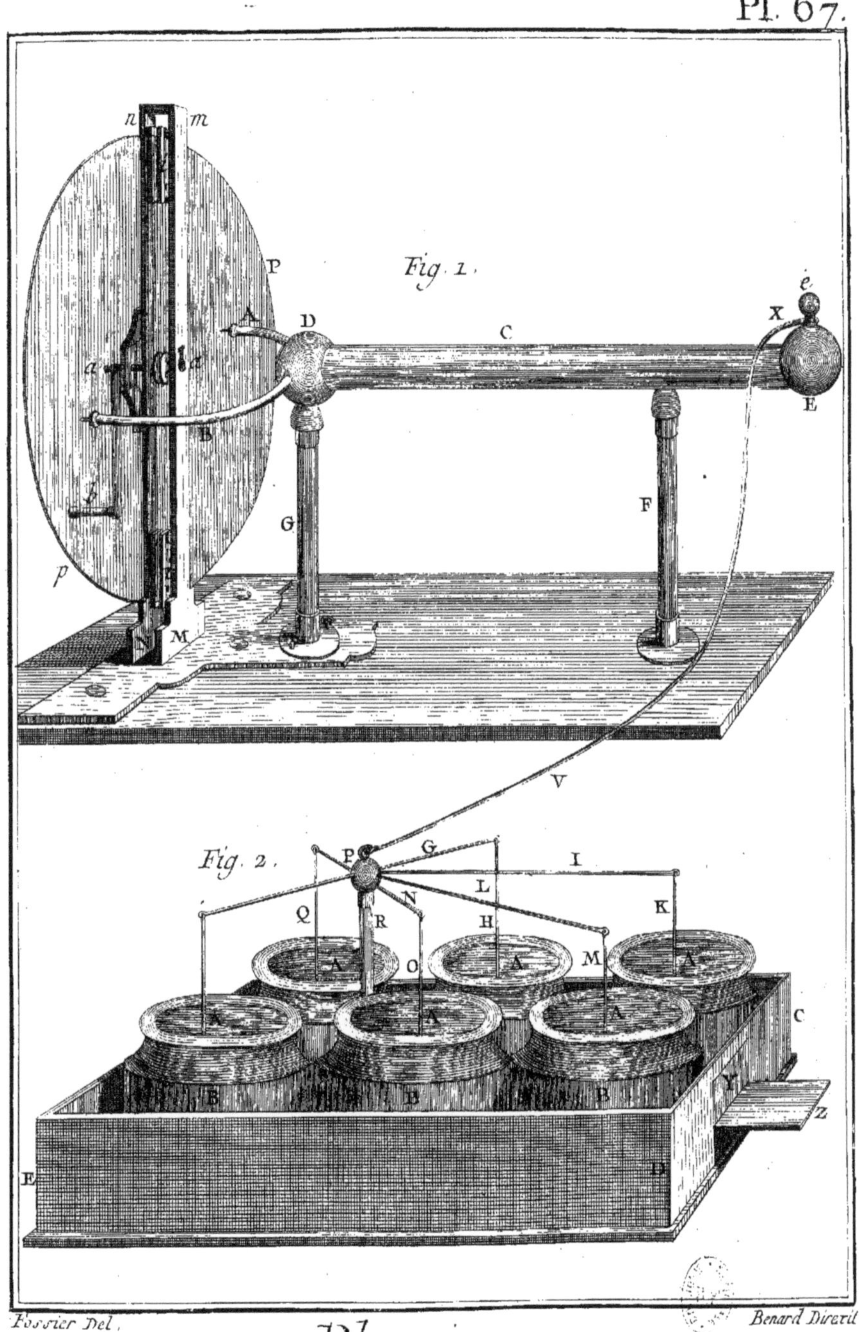

Fossier Del.

Benard Direxit

Physique.

Pl. 68.

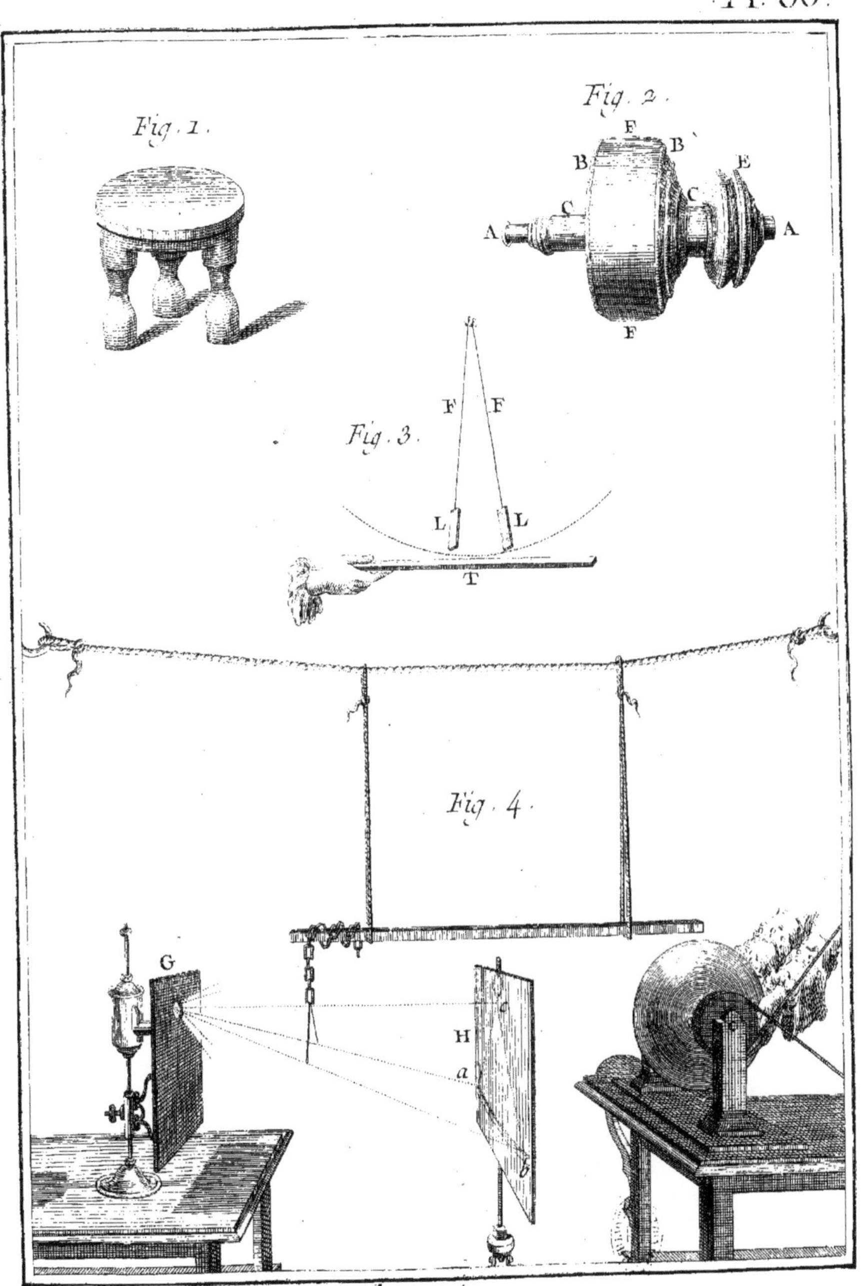

Physique.

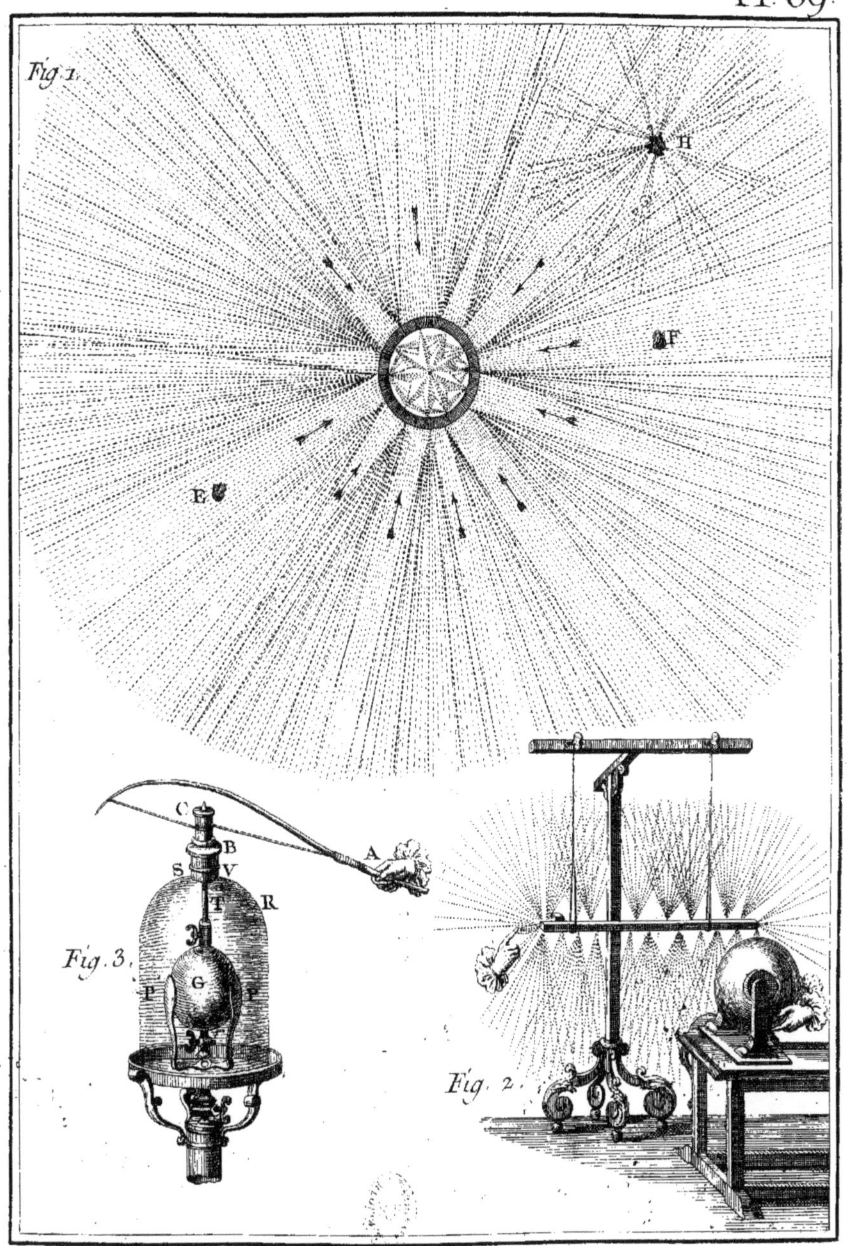

Physique.

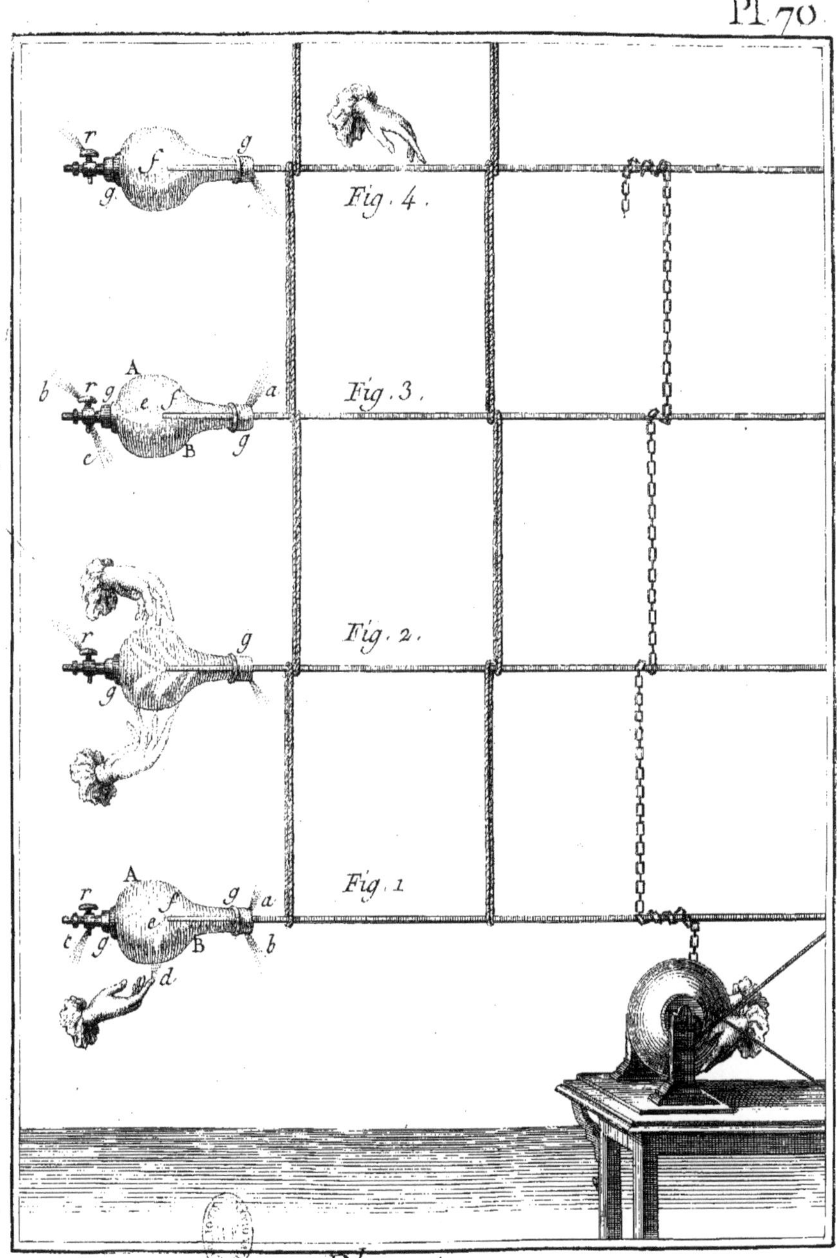

Physique.

Fig. 1.
A
B
Fig. 2.
D
K
H
A
C
E
G
F
B
Fig. 3.
Fig. 4.
Fig. 5.
Fig. 6.
Fig. 7.
H
I
K
I
F
A
B
C
G
E
D
M

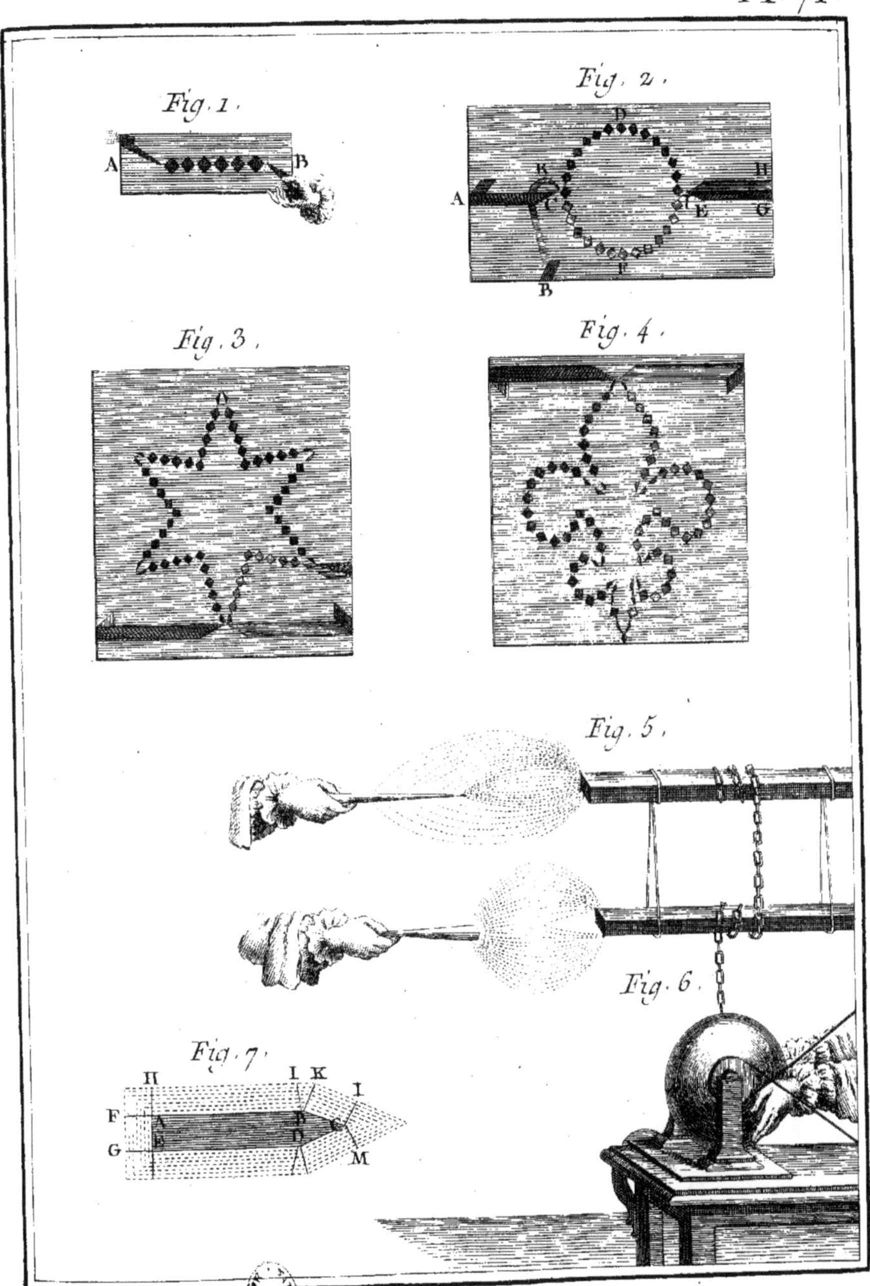

Physique.

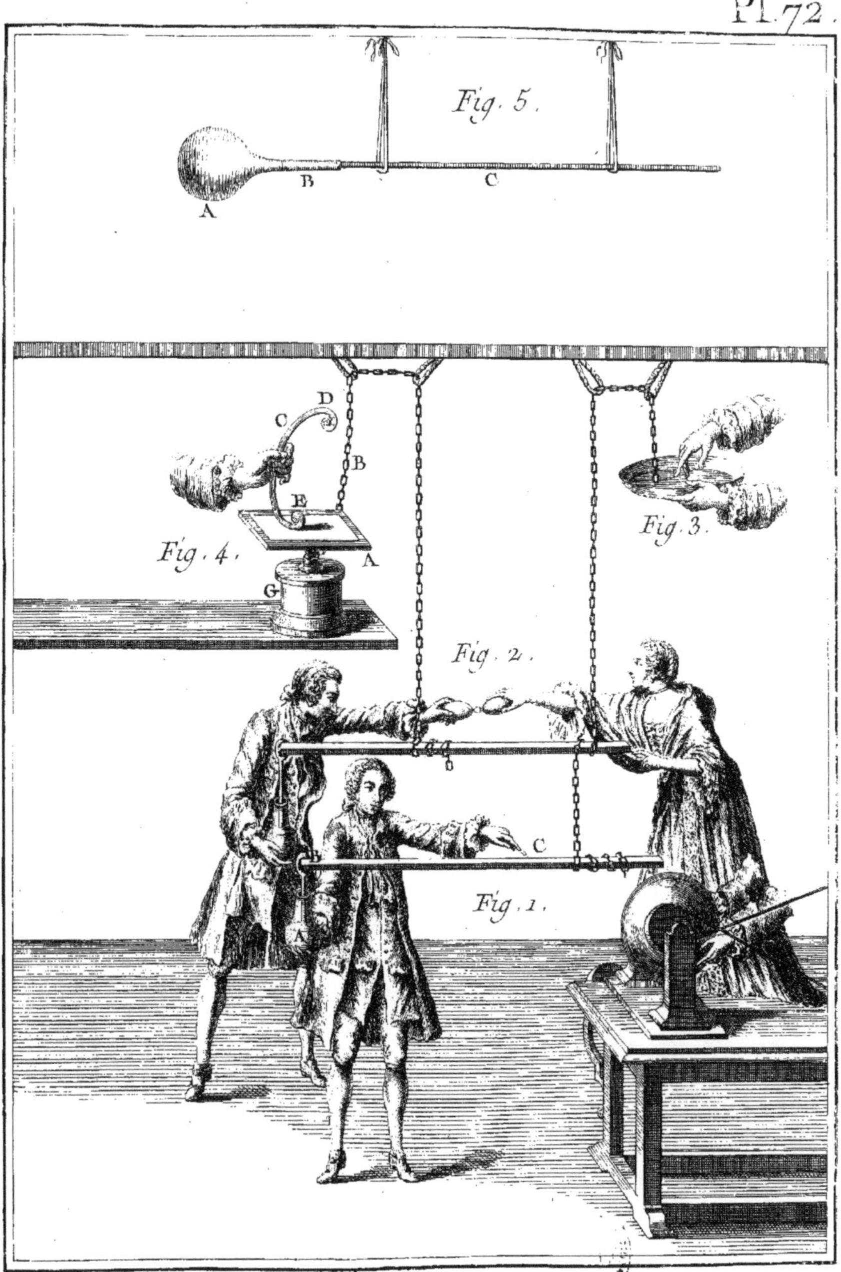

Physique.

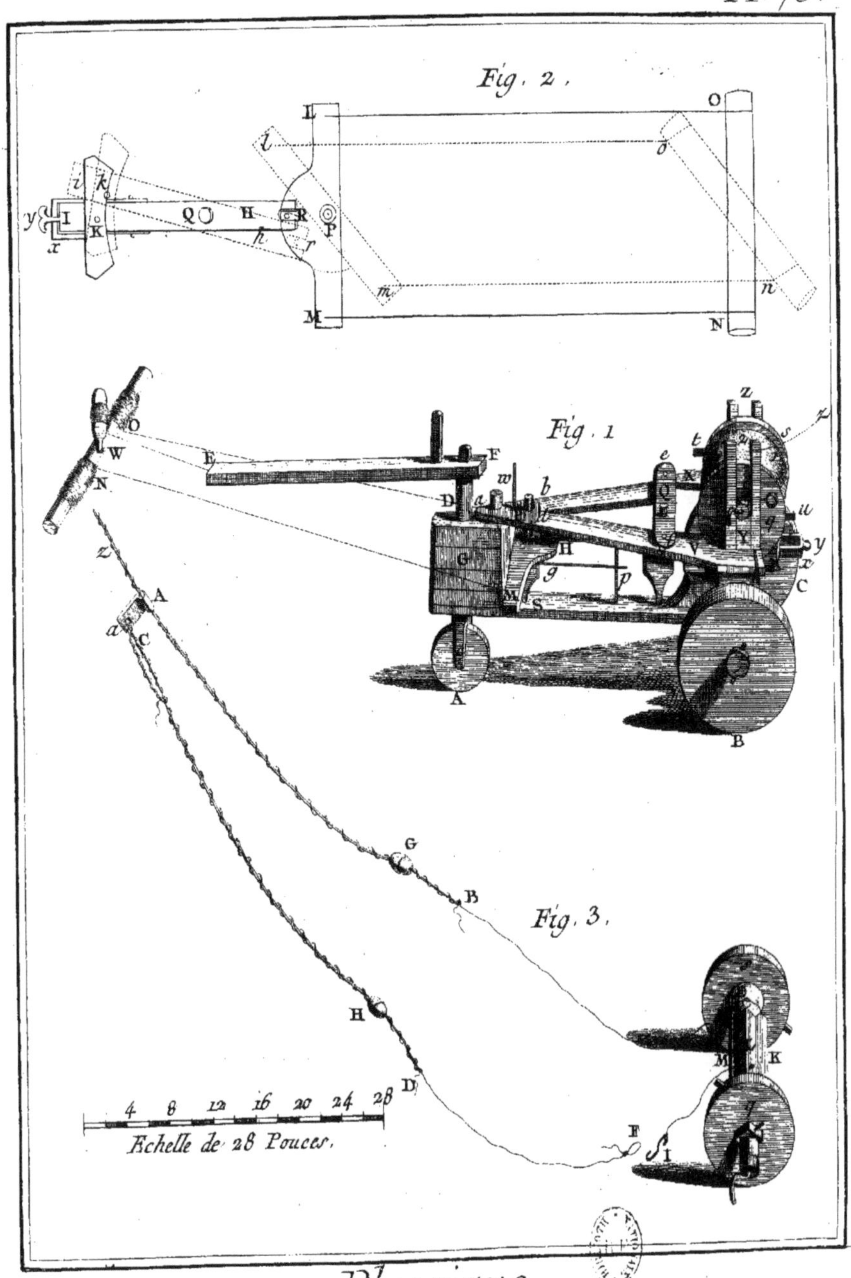

Physique.

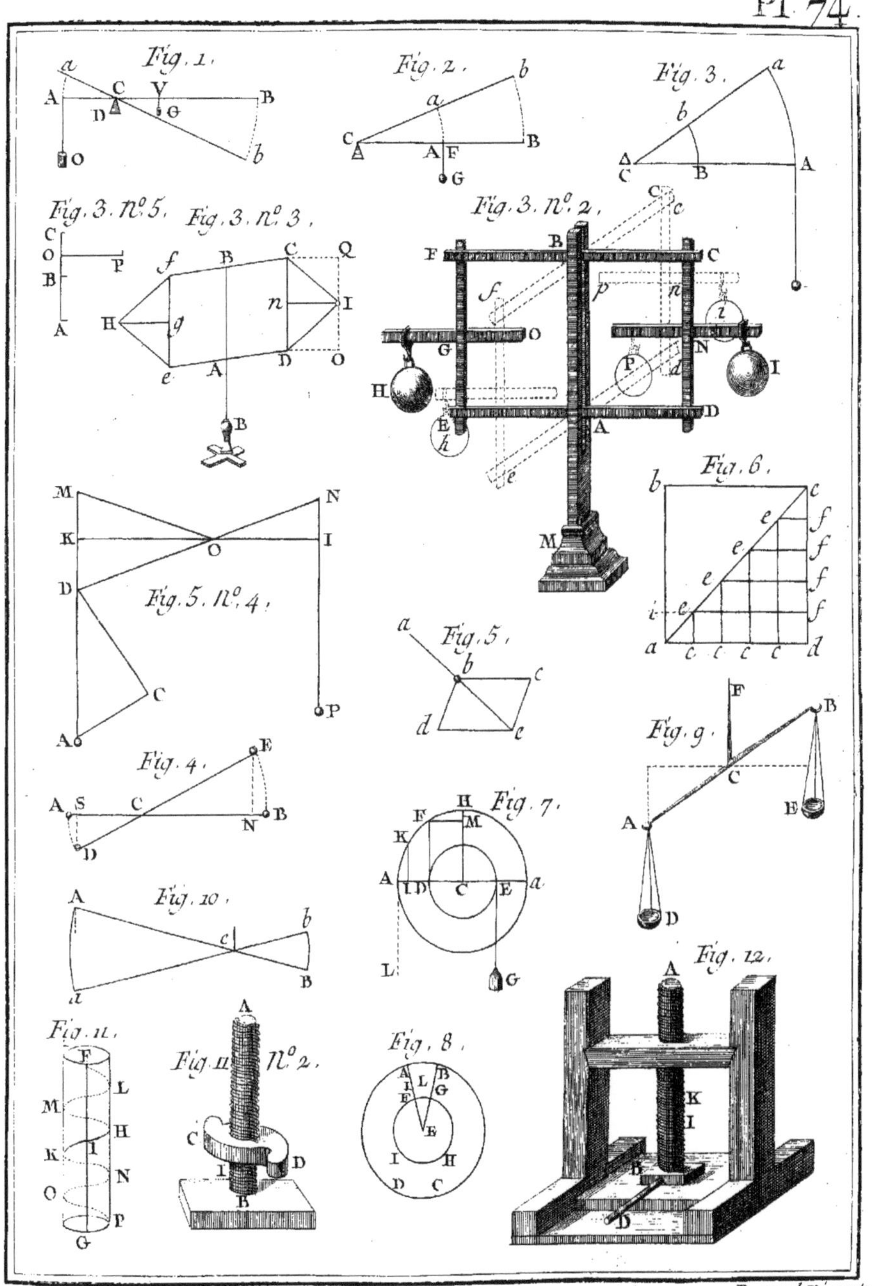

Benard Direxit.

Méchanique.

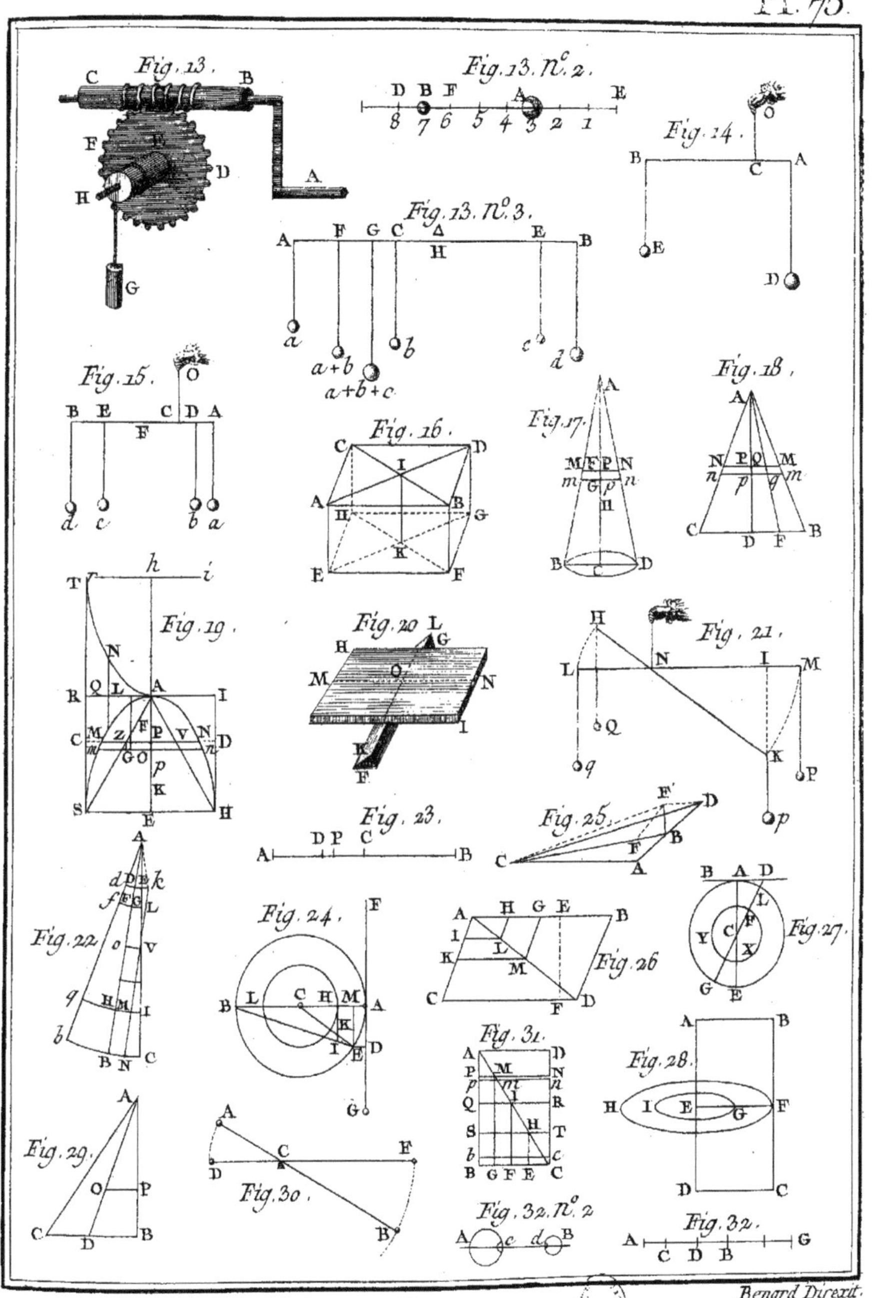

Benard Direxit.

Méchanique

Fig. 33

Fig. 34.

Fig. 36.

Fig. 37.

Fig. 35.

Fig. 38.

Fig. 39. N.° 3.

Fig. 39.

Fig. 42.

Fig. 41.

Fig. 40.

Fig. 39. N.° 2.

Fig. 43.

Fig. 44.

Fig. 46.

Fig. 47.

Fig. 45.

Benard Direx.

Méchanique.

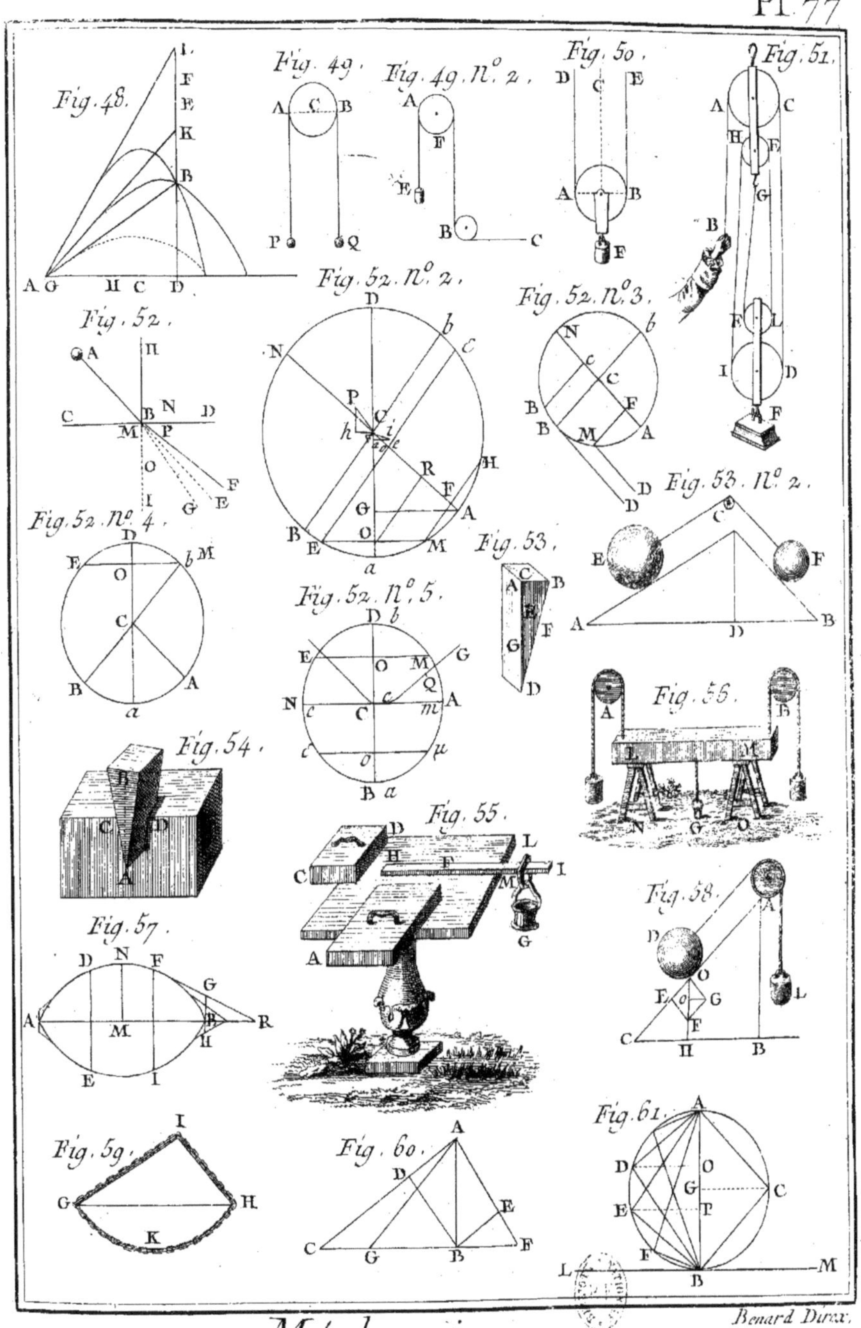

Benard Direx.

Méchanique.

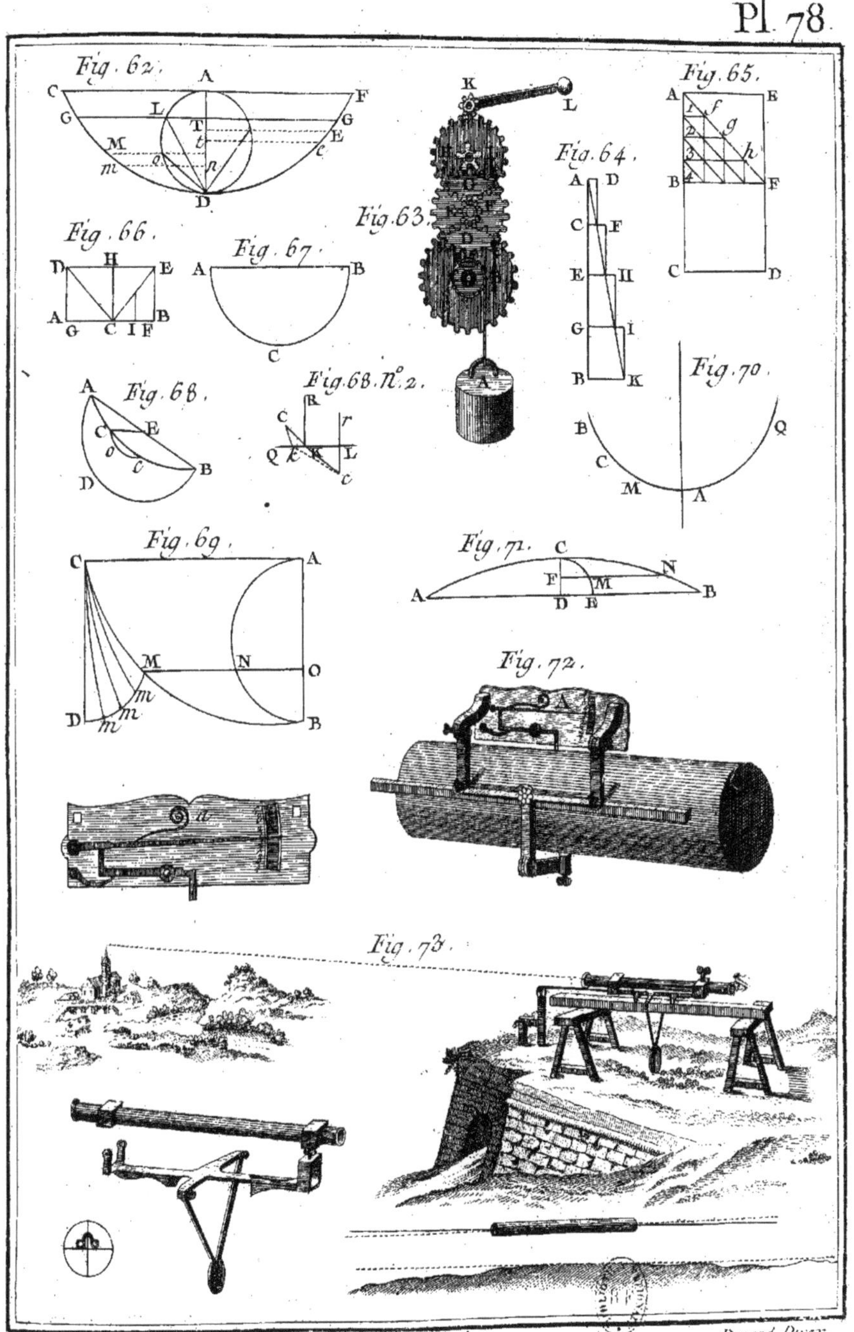

Benard Direx.

Méchanique.

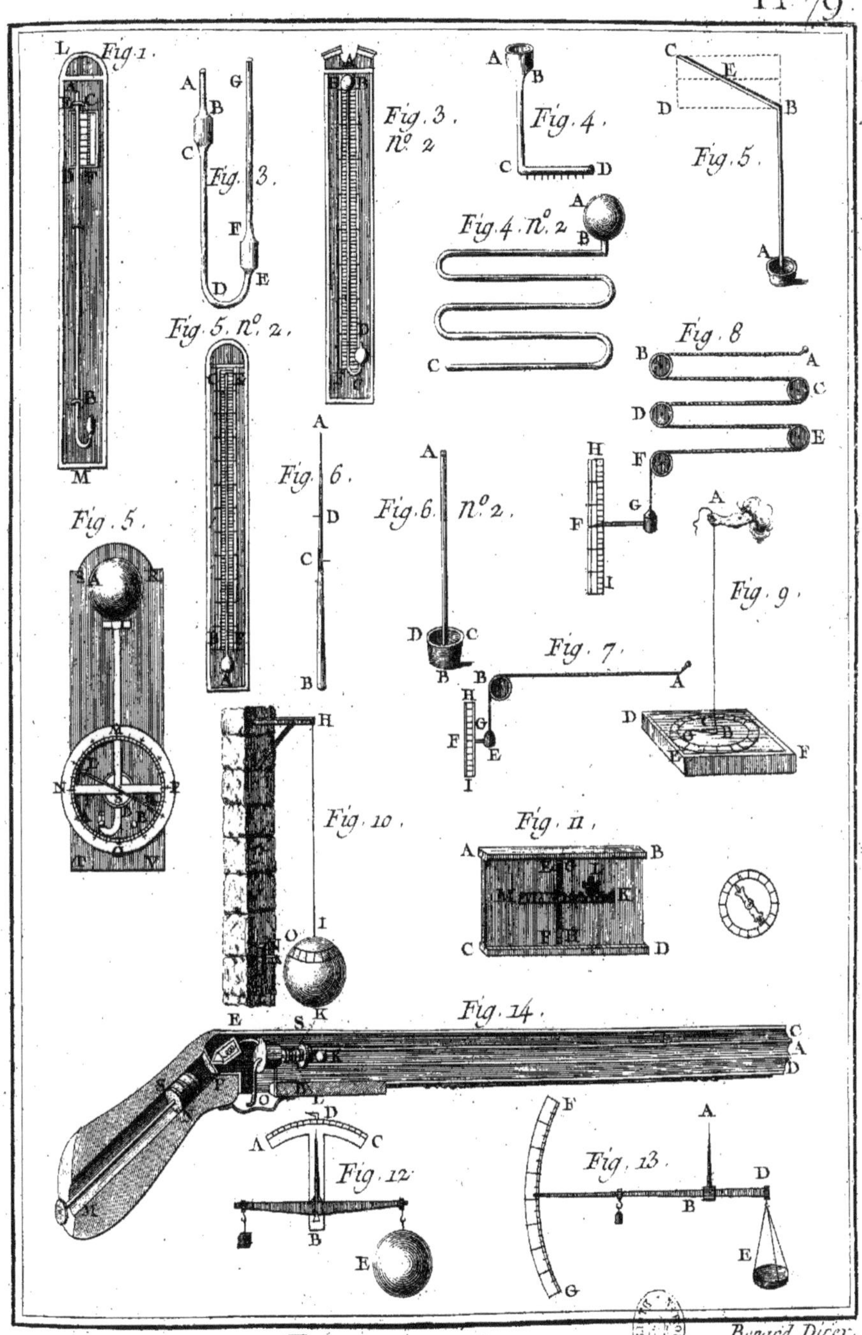

Benard Direx.

Pneumatique.

Fig. 1.
S
N
C
E
a
b
Fig. 2.
A
G
F
H
Fig. 4.
Fig. 5.
Fig. 6.
Fig. 7.
Fig. 8.
Fig. 9.
Fig. 10.
Fig. 11.
Fig. 12.
Fig. 13.
Fig. 14.
Fig. 15.
Fig. 16.
Fig. 17.
Fig. 18.
Fig. 19.
Fig. 20.
Fig. 21.
Fig. 22.
Fig. 23.
Fig. 24.
Fig. 25.
Fig. 26.
Fig. 27.
Fig. 28.
Fig. 29.
Benard Direx.

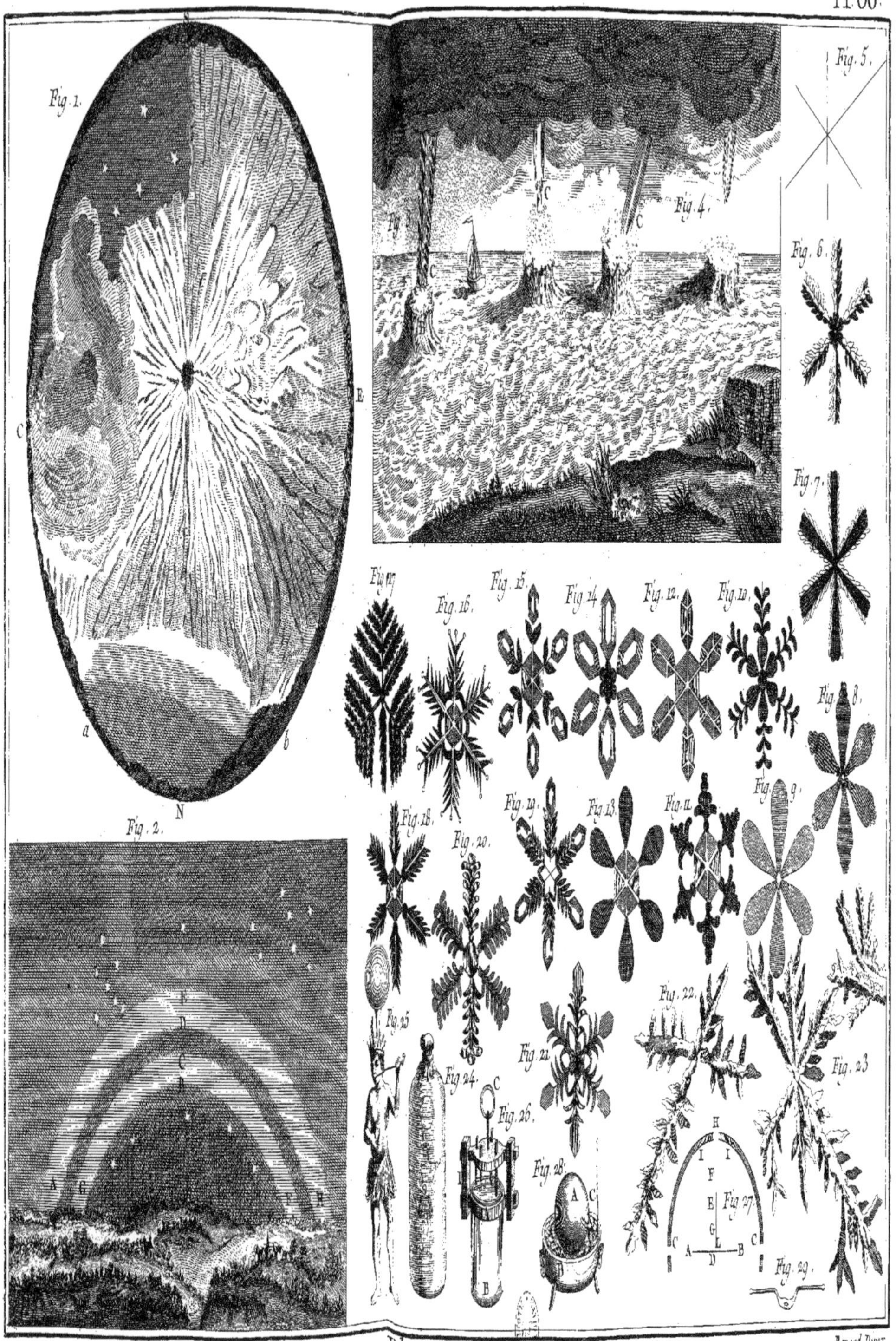

Physique.

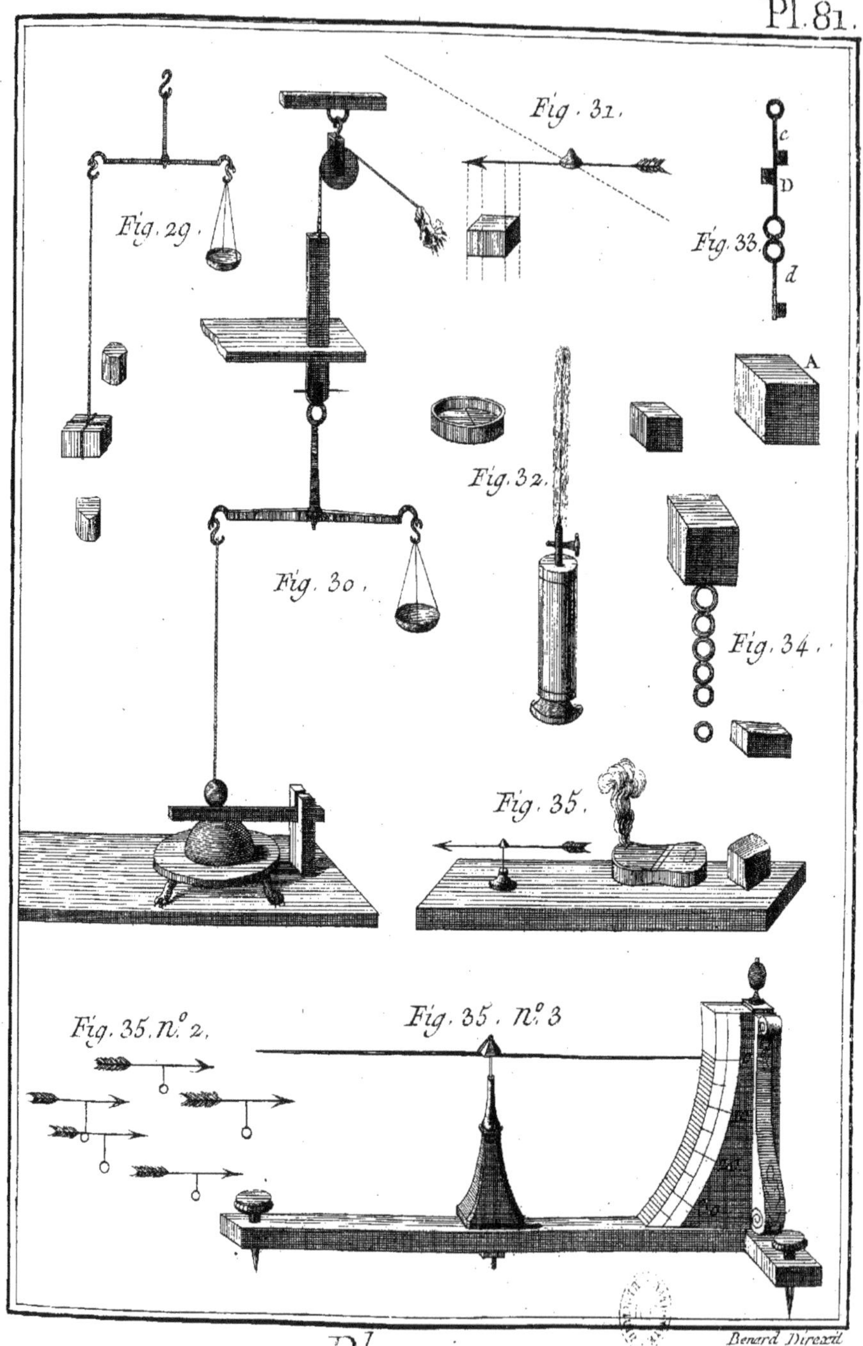

Benard Direxit

Physique.

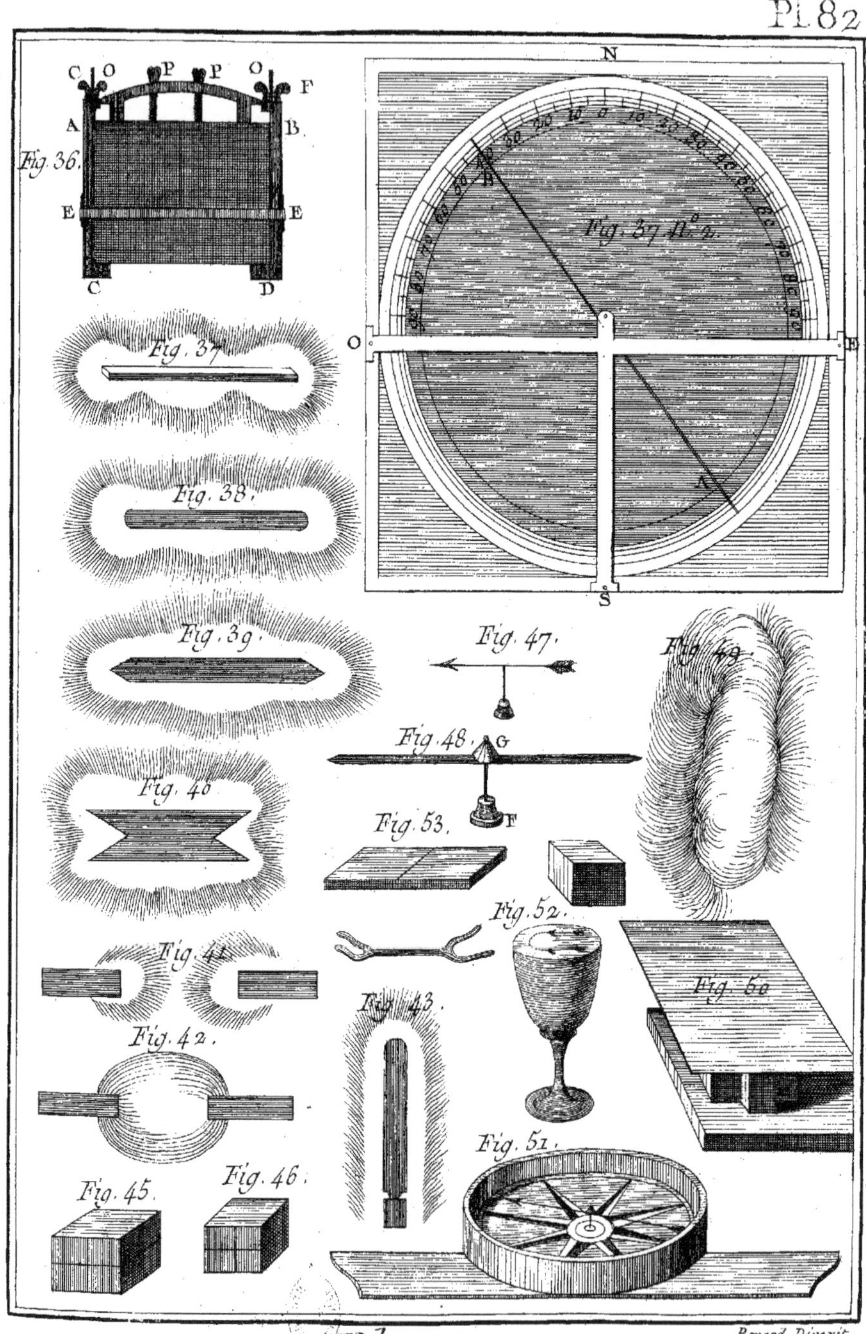

Benard Direxit.

Physique.

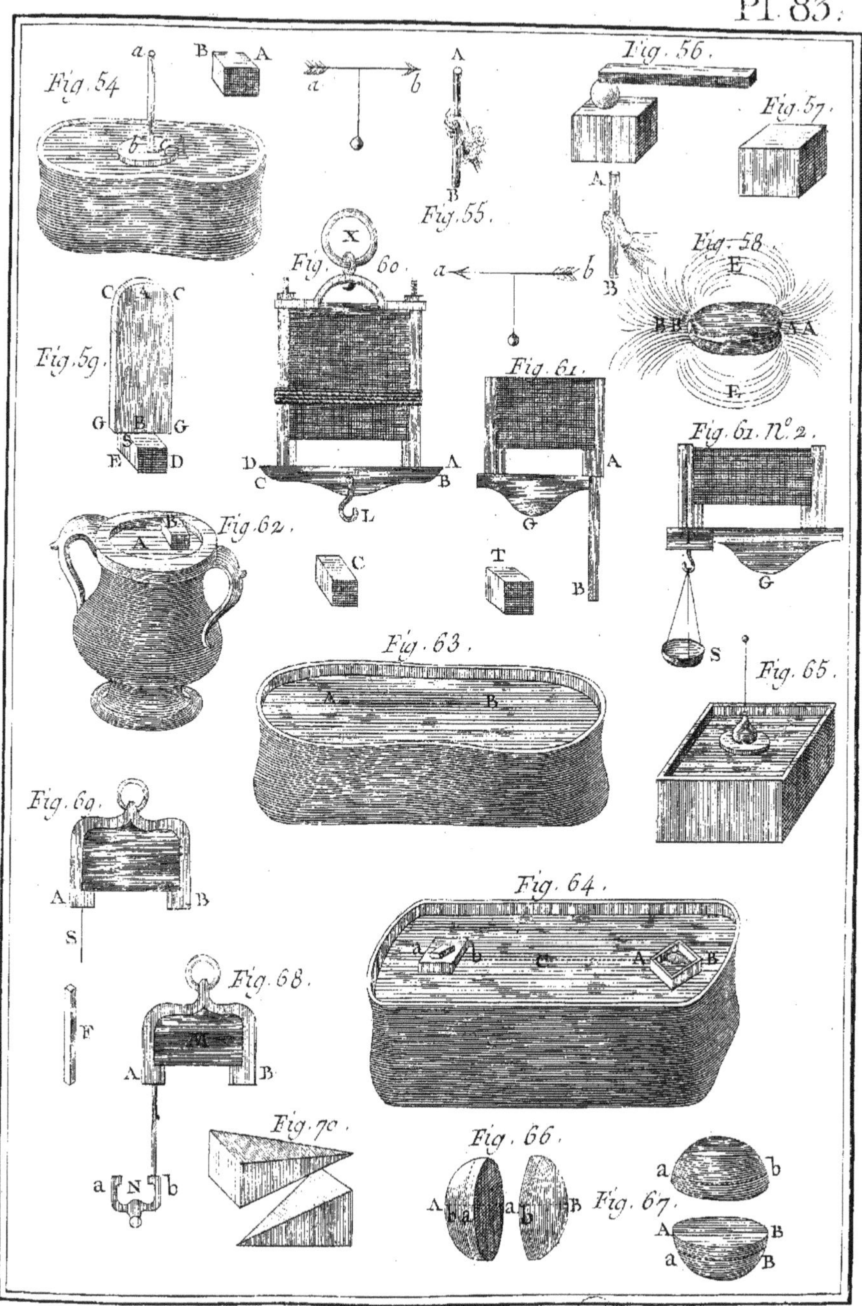

Benard Direxit.

Physique

Fig. 71.
Fig. 72.
Fig. 73.
Fig. 74.
Fig. 75.
Fig. 76.
Fig. 77.
Fig. 78.
Fig. 79.
Benard Direxit.

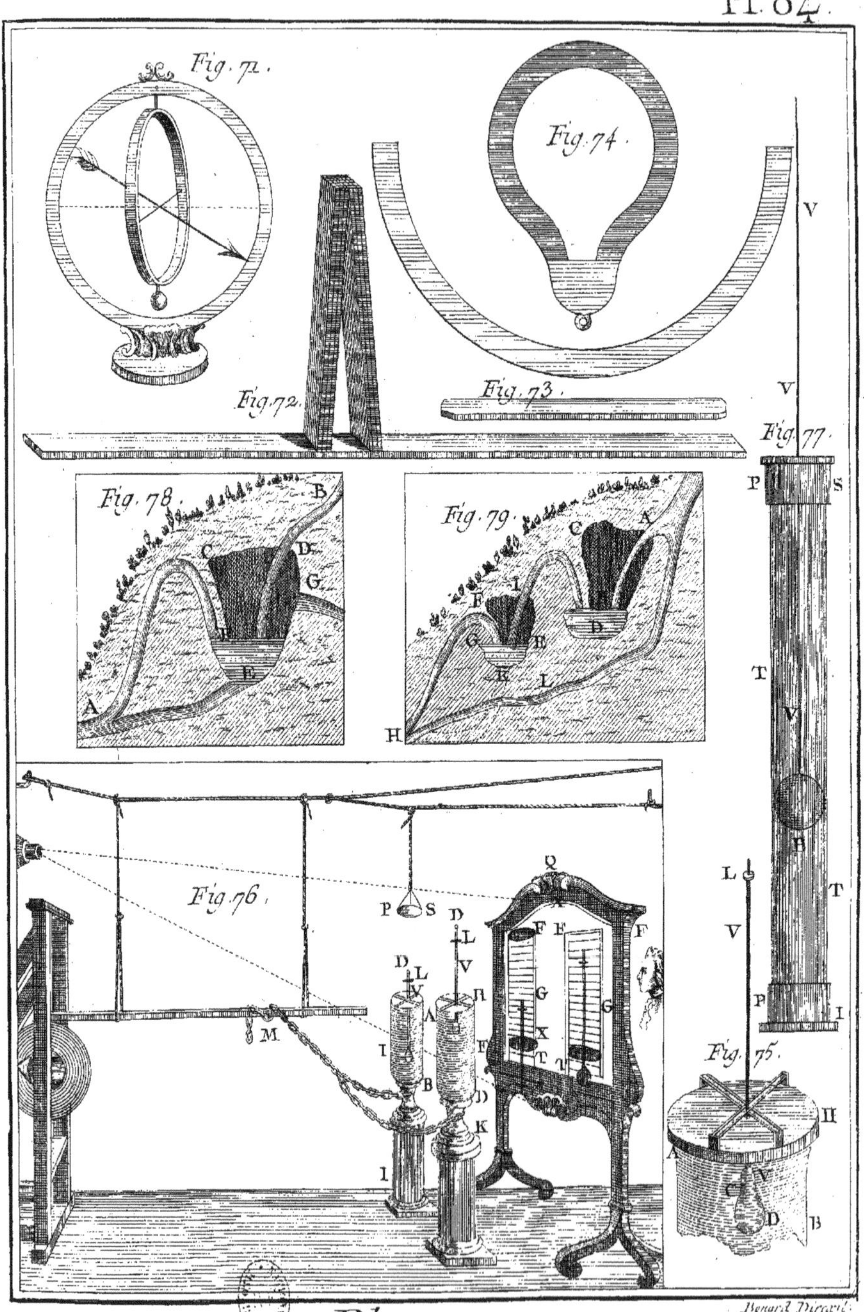

Physique.

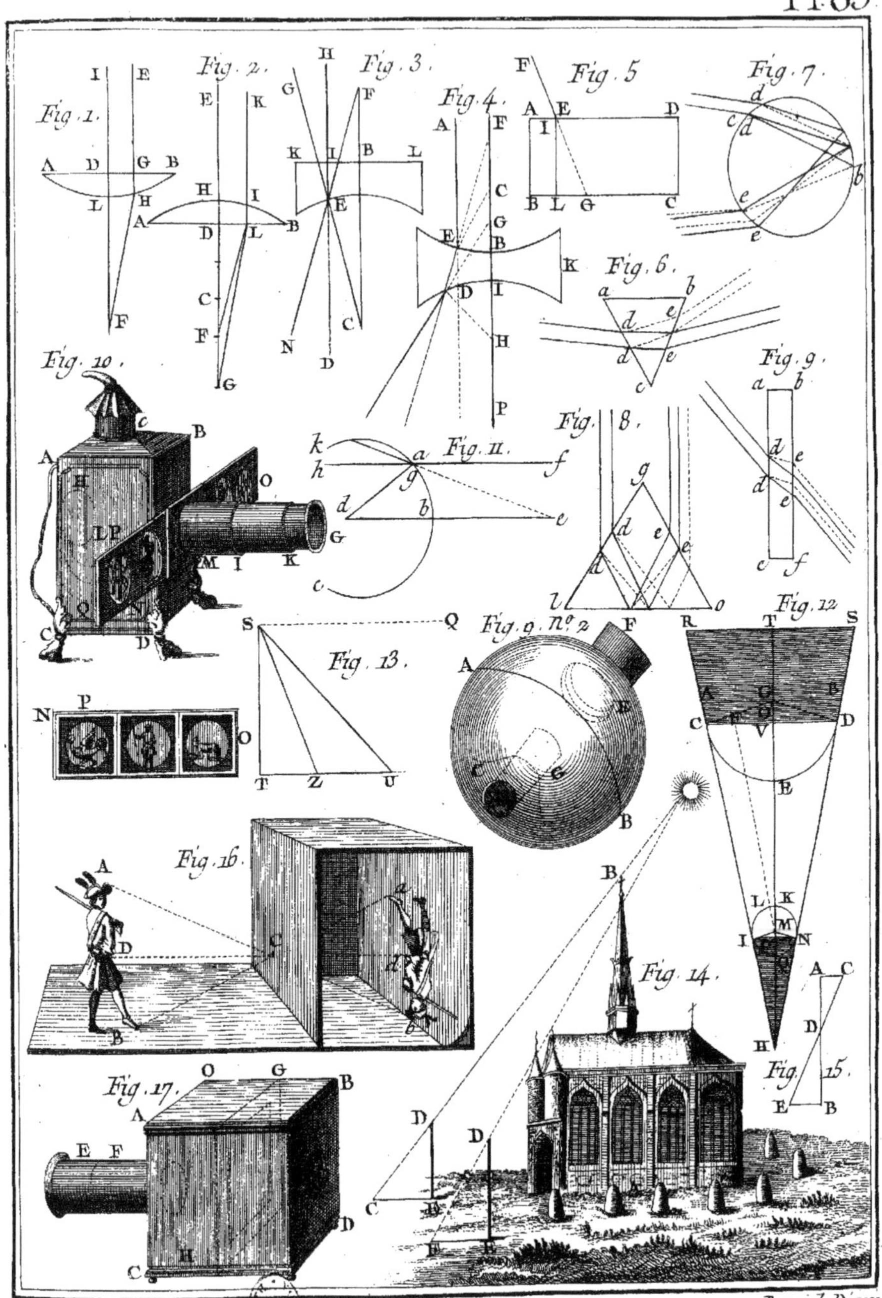

Benard Direx.

Optique.

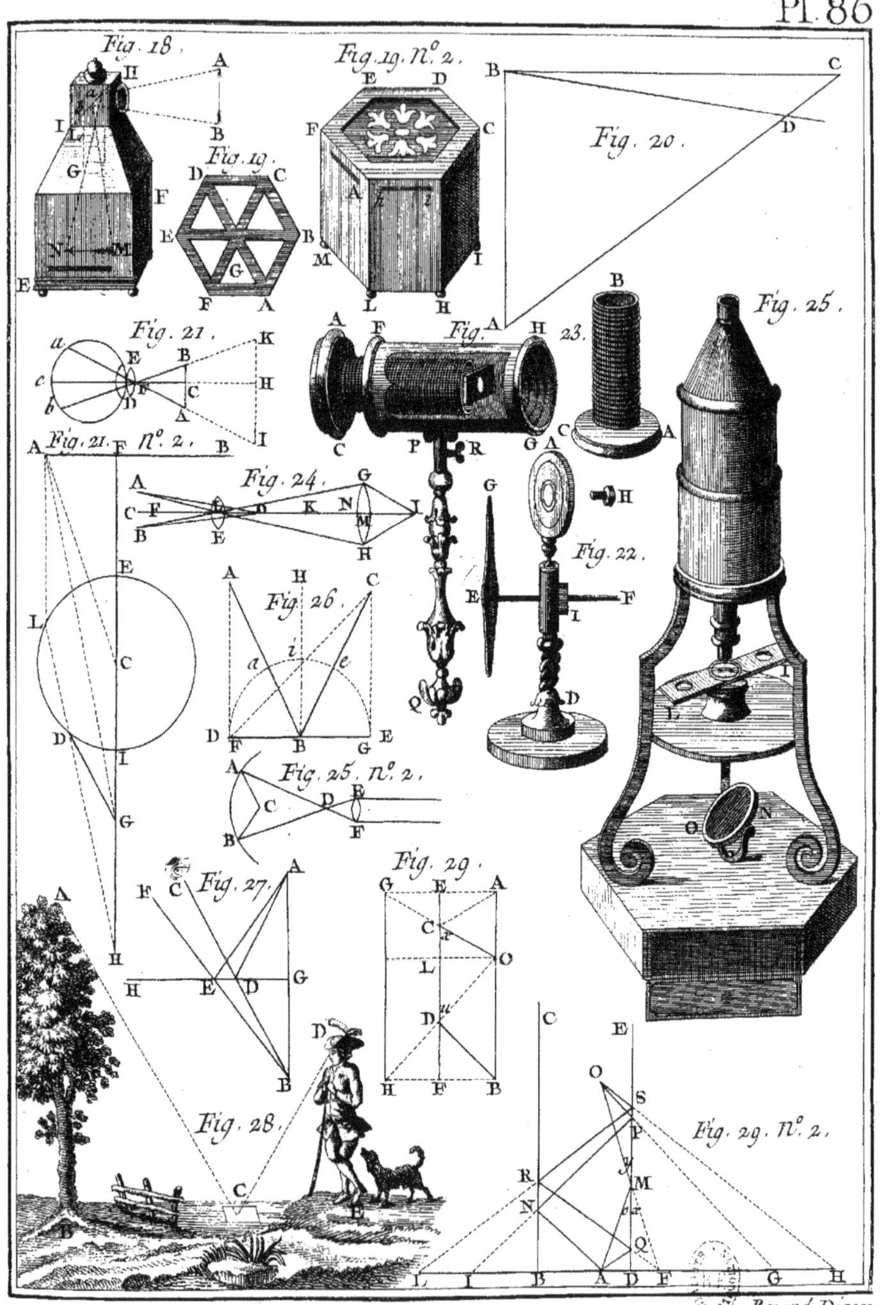

Benard Direx.

Optique.

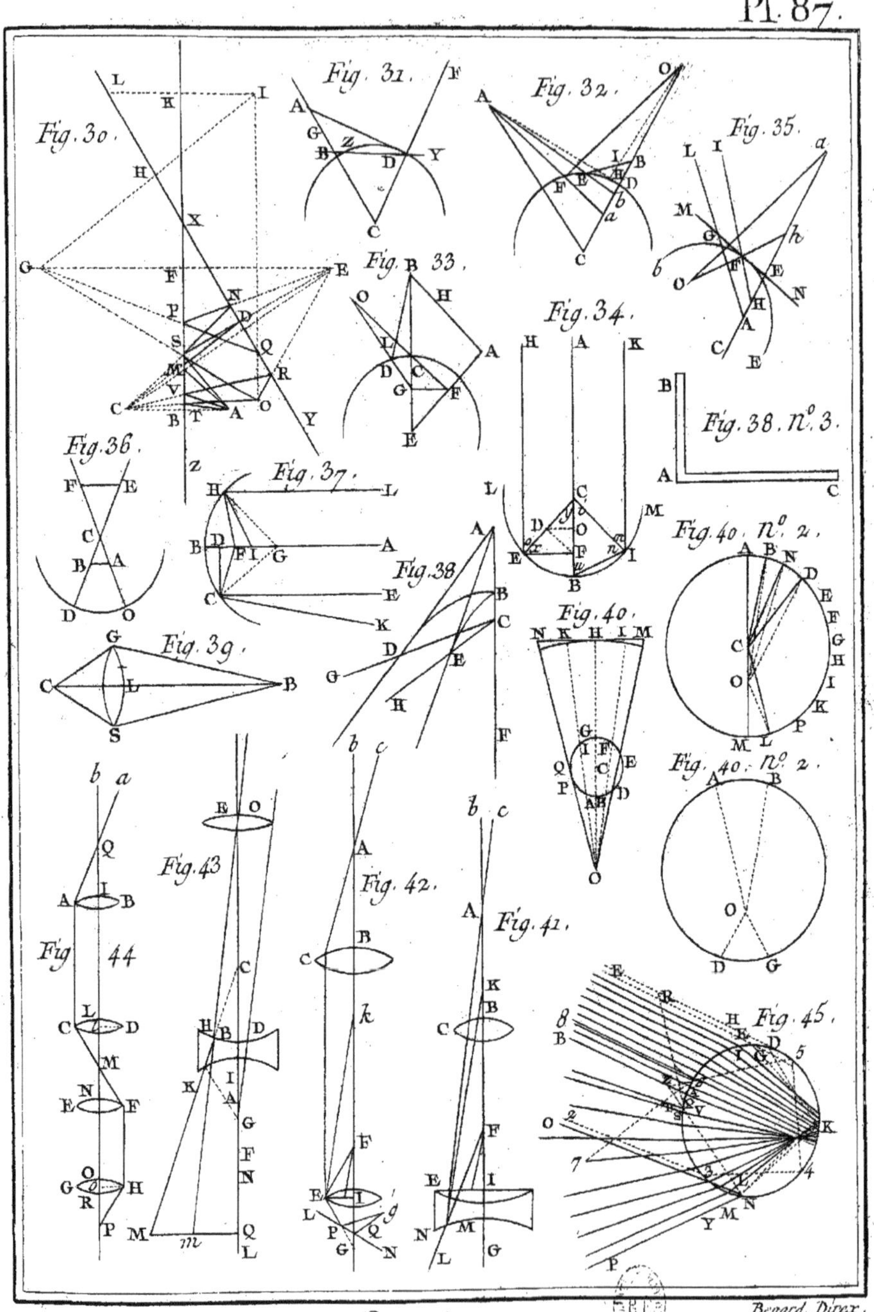

Benard Direx.

Optique.

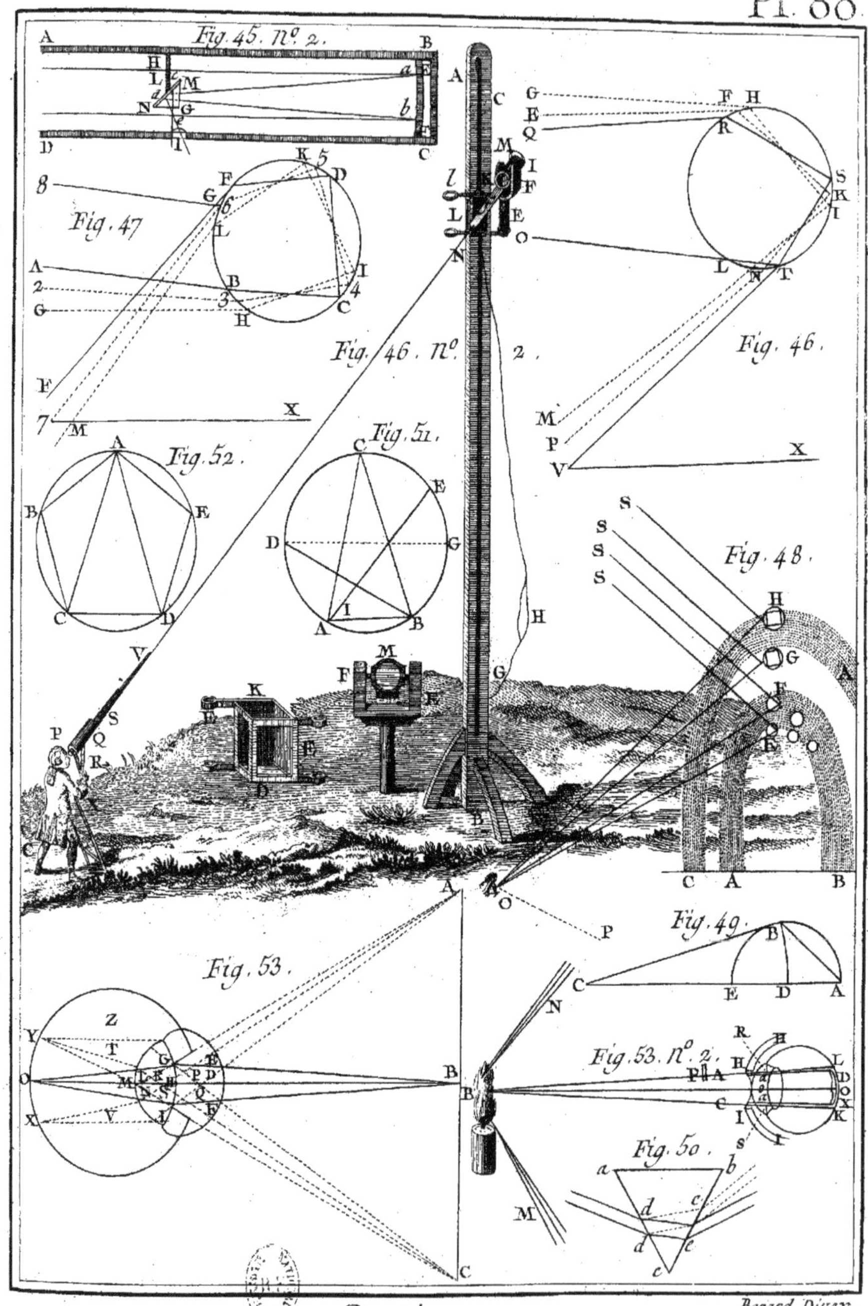

Benard Direx.

Optique.

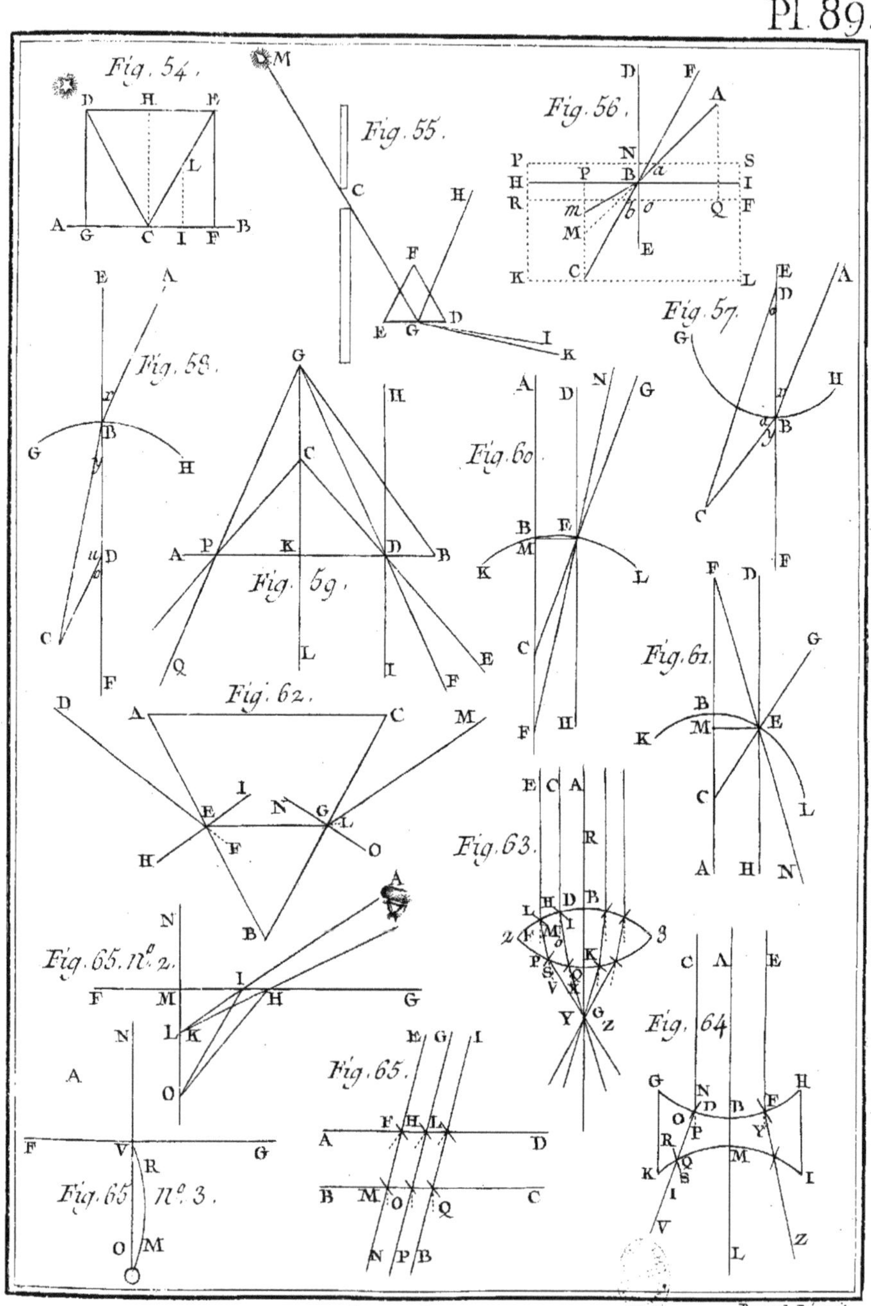

Benard Direxit.

Optique.

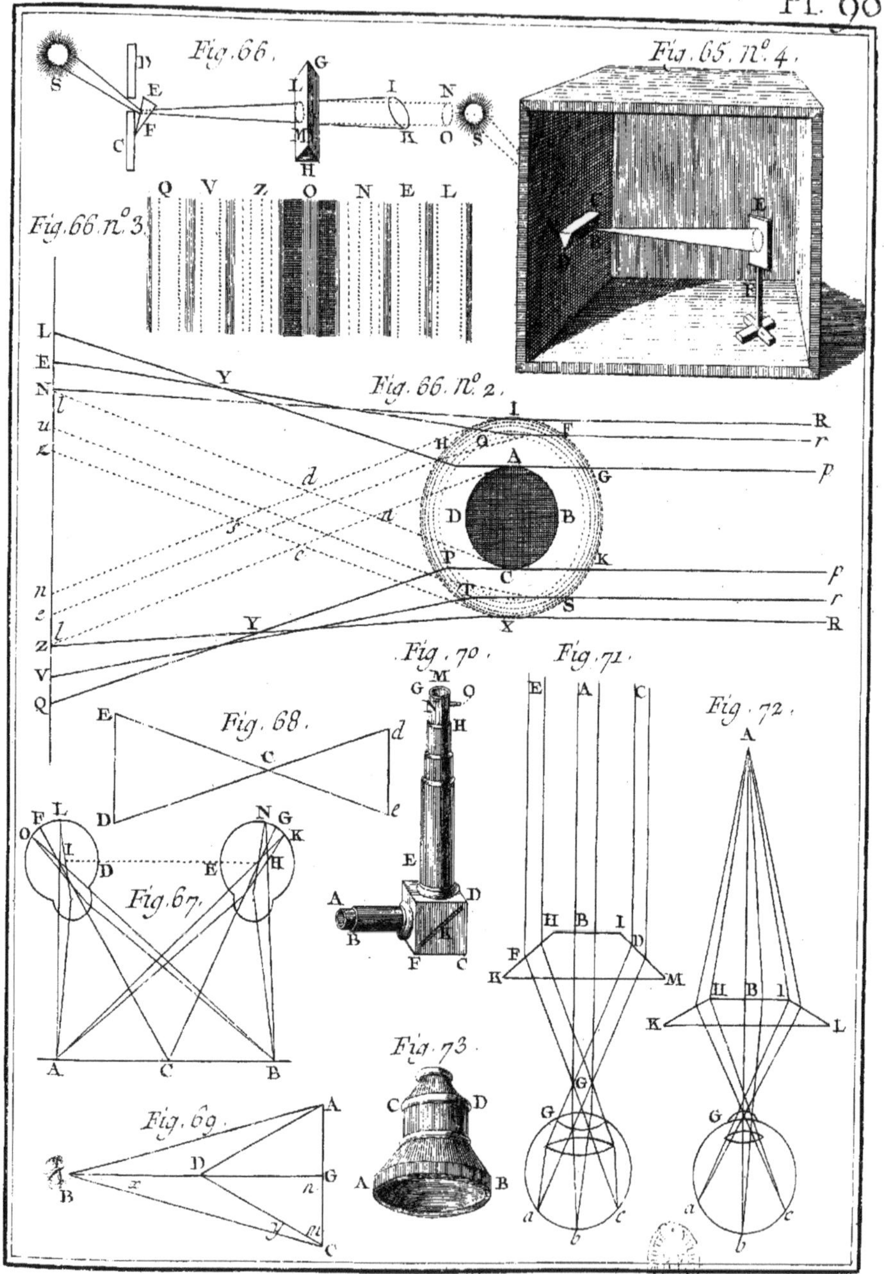

Fig. 66.

Fig. 65. N.° 4.

Fig. 66. N.° 3.

Fig. 66. N.° 2.

Fig. 70.

Fig. 71.

Fig. 72.

Fig. 68.

Fig. 67.

Fig. 73.

Fig. 69.

Benard Direxit

Optique

www.ingramcontent.com/pod-product-compliance
Ingram Content Group UK Ltd.
Pitfield, Milton Keynes, MK11 3LW, UK
UKHW021144260726
13994UKWH00001B/287